品诗词，悟人生

陶渊明诗传

昊文/著

时事出版社

图书在版编目(CIP)数据

品诗词,悟人生:陶渊明诗传 / 昊文著.—北京:
时事出版社,2015.1

ISBN 978-7-80232-792-4

Ⅰ.①品… Ⅱ.①昊… Ⅲ.①陶渊明(365~427)-传记
②陶渊明(365~427)-诗歌欣赏 Ⅳ.① K825.6 ②I207.22

中国版本图书馆 CIP 数据核字(2014)第266245 号

出版发行:时事出版社
地　　址:北京市海淀区万寿寺甲 2 号
邮　　编:100081
发行热线:(010)82546061　82546062
读者服务部:(010)88547595
传　　真:(010)82546050
电子邮箱:shishichubanshe@sina.com
网　　址:www.shishishe.com
印　　刷:北京建泰印刷有限公司

开本:880×1230　1/32　印张:8　字数:155 千字
2015 年 1 月第 1 版　2015 年 1 月第 1 次印刷
定价:29.80 元
(如有印装质量问题,请与本社发行部联系调换)

前言

陶渊明是一位为读者们所熟悉的归隐诗人，从古至今，有很多人喜欢他固守寒庐、寄意田园、超凡脱俗的人生哲学，以及他淡薄渺远、恬静自然、无与伦比的艺术风格。然而，现代人对他的了解还仅仅止步于诗词，对于他本人以及他一生的经历都知之甚少。

诗人，如果没有丰富的人生经历，便不会有千古佳作流传后世，陶渊明亦是如此。

陶渊明出生于一个没落的官宦世家，他的曾祖父曾是东晋的开国元勋，官至大司马，封长沙公。陶渊明的祖父也做过太守一职，但是到了陶渊明这一代，父亲早死，家境没落，他从小便过着十分清贫的生活。

浔阳柴桑是陶渊明的故乡，他的少年时代便是在这里度过的。柴桑北面长江，南临庐山，风景优美。

“少无适俗韵，性本爱丘山”（《归园田居》），尽管家境贫困，但是陶渊明的少年生活却是快乐与宁静的。“目倦川涂异，心念山泽居”（《始作镇军参军经曲阿作》），故乡的一草一木都深深地印在了陶渊明的脑海里，陶冶着他的心境，滋养着他的灵魂。在日后的人生道路中，面对纷繁的尘世困扰，不得不说，少年时的经历对陶渊明的人生选择产生了重要的影响。

成年之后，陶渊明几乎一直处于颠沛流离的状态，他曾多次入仕，但屡任屡辞。最初，他怀着一腔抱负进入了官场，但是时局混乱，长江以北被异族侵占，东晋王朝则苟延残喘，龟缩于江南地区，江山危机重重、四面埋伏。而天下之事也并非他想象得那般公正美好，志同道合的人少之又少，当时的文臣武将、豪门世家只顾着自己的利益，恣意侵占平民财产，导致长江以南也毫无宁日。陶渊明的家乡刚好处于战乱中心的三江之口，连年的征战让这里遭受了比其他地方更为严重的破坏。

就是这样一个内忧外患、破败不堪的时代，逐渐磨平了陶渊明的锐气，也磨去了他曾经写下的“少时壮且厉，抚剑独行游。谁言行游近，张掖至幽州”般的壮志豪情。

陶渊明是一个性格复杂的人，在黑暗的政治现实面前，他选择归隐，但是理想和现实的冲突又让他再一次出仕，可是眼见官场的乌烟瘴气，愤懑与无奈又让他想立刻远离，就这样，他一次次地入仕又一次次地辞官。最后，陶渊明彻底放弃为官一途，安贫乐道，专心做一个田园诗人。他的归隐是真正的归隐，是一种对“举世皆浊”、“众人皆醉”的发自内心的厌恶。

也就是在这一次次内心的挣扎与痛苦中，陶渊明写出了一首首流传千古的诗词……

陶渊明被誉为“隐逸诗人之宗”。可是，如果我们只是单单地阅读这些诗词，或许只能理解其中不到一成的意境，比如他在写《归去来兮辞》时发生了什么？他写《桃花源记》的时候又遭遇了怎样的心理变化？《止酒》

一诗是否真的是戒酒诗，他最后戒酒成功了吗？这些问题，只有在我们彻底了解陶渊明，深入他的故事后才能得出答案。要知道，只有了解陶渊明的故事，才能了解一个真正的陶渊明，一个真正的田园诗人……

就让我们翻开下一页，深入陶渊明的生活，透过层层时间的迷雾，看一看在古老的东晋，这个胸怀天下的诗人曾有过什么惊人的举动，他的生平或许能为你提供另一种人生选择。

目录

CONTENTS

第一卷

宦官世家，奇才出于乱世

陶渊明(约公元 365—427 年)出生于柴桑（现江西九江），这里是他生命的起点，也是终点，他的祖祖辈辈都生活在这里。陶渊明的生命轨迹与其祖父辈有着诸多相似之处，他们虽出身贫寒之家，地位低下，却都有着远大的理想和抱负。他们凭借自己的努力挤进仕途，在获得了社会尊重的同时，也实现了自己的人生价值。落叶归根，在经历了坎坷不平的人生之后，他们又都选择了柴桑作为自己最后的归宿。可以说，在陶渊明的一生中，他的故乡和祖辈无时无刻不在他的心目中影响着他，作为他精神的支柱一直陪伴着他。

柴桑故里，名将之后

迈迈时运，穆穆良朝。

袭我春服，薄言东郊。

山涤馀霭，宇暧微霄。

有风自南，翼彼新苗。

——《时运》其一

据史料记载，柴桑是我国古代江南一带浔阳郡的治所，位于今江西九江西南边上，因为旁边有一座名为柴桑的山，所以人们便以此来命名此地。柴桑的北边是四大名山之一的庐山，庐山之北紧挨长江，柴桑的西南方和正南方也都有山有水。在这样一个青山环绕、绿水长流的地方，柴桑也具有了诸多灵性的特质。

在中国文人的心里，“柴桑”二字并不仅仅意味着一个地名，而是一个充满了很多复杂感情、带着特殊文化意味的境地。它就像一个充满理想主义的英雄，呼唤着人们内心深处的赤子之心。唐代诗人白居易在其《访陶公旧宅》一诗中这样描写他在游览柴桑时的心情："柴桑古村落，栗里旧山川。不见篱下菊，但余墟中烟。子孙虽无闻，族氏犹未迁。每逢姓陶人，使我心依然。"这首诗不同于一般游记，并没有着重于对景物的刻画。诗人借助在柴桑的所见所感，深深地缅怀了这位大诗人。诗中所指的"姓陶人"，或许就是陶渊明的同族后代。

柴桑是陶渊明的故里，他生于斯，长于斯，逝于斯。对于陶渊明来说，柴桑有着非同一般的意义，他无数次地想离开这里去创建一番功名，可是每当遇到仕途的不如意，又都无数次地抛下一切回到这里。每一次出走，他都会特别地想念这片故土；每一次回归，他都比以往任何时候更加渴望投入到故乡大自然的怀抱。

在这里，一年四季都有不同的色彩，桃红、柳绿、紫葵、青松，景色随着时间的变化而变化，等到丰收时节，更是硕果累累，稻谷飘香。在秋高气爽的好时节，人们相约一起登高赏花，三三两两，踏着节拍，听着泉水叮咚，一路吟诗饮酒，好不惬意。如此怡心养性的好地方，可谓"山拥千嶂，江环九派"，确如世外桃源般令人神往。

由于地处江西、湖北、湖南、安徽四省的交界处，四面又环山环水，柴桑一带具有天然的地理优势，在军事上占据着绝对的重要地位。所以，从古至今，柴桑便是兵家必争之地。从西汉刘邦派灌婴追击英布，到东汉末周瑜在此操练水军，这里留下了许多古战场的遗迹。三国时代，这里还连番上演了“诸葛亮舌战群儒”、“群英会蒋干中计”、“柴桑口卧龙吊丧”等好戏。东晋年间，信奉五斗米教的孙恩起兵十万，聚众造反。孙恩去世后，他的妹夫卢循继续率领余部攻打朝廷，最后为刘裕所灭。这期间，还发生了桓玄篡晋，与刘牢的军队混战。之后，刘裕又征讨桓玄，将其歼灭，军队、朝廷、地方豪强之间的争夺和讨伐之战愈演愈烈。据后人的统计，在晋安帝义熙六年这一年，光是朝廷军队讨伐卢循叛军，就进行了六次比较大的征战。东晋时代，柴桑隶属于浔阳郡，这些大的战役基本上都发生在浔阳或是与这里有直接的关系。可想而知，浔阳一带在几十年间持续地遭受人祸，没有太平之日，普通老百姓只能跟着饱受战乱之苦。

身处这样的环境时代，陶渊明亲身经历了他这个时代大多数人所经历过的水深火热。那时候的他正值青壮年，在自己的家乡亲眼目睹了无数的权力争斗和战争祸乱，无数人妻离子散，痛哭流涕。这时的他内心充满着矛盾和挣扎，他想像曾祖父一样出去干一番事业，在乱世之中为家国贡献一份力量。可是，现实常常让他无所适从，他的本性与周遭的一切相冲突，他渐渐对这个时代丧失了信心和耐心，遁世之心日渐强烈，越来越不想与世俗为伍，无时无刻不想回归山野隐居起来，祈盼自己的身心都投奔到故乡的怀抱中去。

传统家学，素养深厚

桓桓长沙，伊勋伊德。

天子畴我，专征南国。

功遂辞归，临宠不忒。

孰谓斯心，而近可得。

——《命子》其五

陶渊明的曾祖父陶侃算得上是一位传奇人物。他出身贫寒，却拥有超凡的见识和能力。他于壮年之时弃文从戎，从一个捕鱼的小官华丽转身为讨伐逆贼的勇士。他一生征战无数，几乎没有败仗，一步一步奠定了自己在军事上的地位。此外，陶侃在政治上也颇有作为，陶家因此由社会的底层一跃而升成为显赫的达官贵族。在注重门第观念的魏晋时期，陶侃突破自身局限、打破社会尊贵秩序的魄力确实为同时代人所罕见。

陶侃的父亲陶丹是三国时代的名将，任吴国扬武将军，同时担任柴桑侯一职。陶丹于陶侃幼年时便病逝，陶侃遂与母亲湛氏相依为命。之后，陶侃通过捕鱼的本事，在朝廷谋得一个掌管鱼梁的小县官。

有一次，陶侃心疼母亲，利用职务之便捎回了一些鱼干，可是母亲却没有接受，反倒写了封信给他。她说："你拿这些东西给我，一点用处都没有，只会让我更加担心。你现在还是一方小官就利用职务之便送东西回家，以后若是当上了大官，还怎么得了？"陶侃谨记母亲的教诲，谨言慎行，乱世之中，他安安分分地做着本职工作，一面潜心读书，一面勤加练习武功。可以说，陶侃的母亲在他早期的教育中发挥了相当重要的作用，他的行为品性都与母亲的大义有着直接联系。

还有一次，在一个隆冬大雪天，与陶侃同郡的范逵来陶家做客。此人在同乡中非常有名望，与陶侃的关系也非常好。可无奈陶家一向清贫，根本没有什么东西可以拿出来招待客人。陶侃一时尴尬，不知如何是好。这时，湛氏站了出来，异常坚决地对陶侃说："儿，你只管去迎接客人，其他的我来想办法。"等陶侃出去之后，湛氏悄悄将自己长及脚跟的头发剪了下来，拿去集市上卖掉，换来了几担米和一些酒。回家后，她砍断一根房梁，当作烧饭的柴火。待到所有饭菜都置办好了之后，湛氏又把用作铺床的草垫拿了出来，将其剁碎喂马。第二天一早，范逵发现了陶家发生的变化，心里又是愧疚又是感激。临别前，他对陶侃说："你只管回去，我到了洛阳，一定会为你美言的。"后来，范逵果然在自己的上司张夔面前极力推荐陶侃，使他的好名声得到了传播。之后，陶侃被张夔任命为督邮，从此步入仕途。

公元303年，四十四岁的陶侃迎来了人生的重大转折。这一年，义阳蛮人张昌在江夏起义，荆州刺史刘弘早就对陶侃的才干和为人非常了解，马上征辟他为南蛮长史，作为先锋军讨伐张昌。临危受命的陶侃在盛年之时得到重用，敏锐的政治嗅觉让他意识到此次任命正是自己求取功名、一展才干的绝好时候。凭着优秀的军事素养和带兵经验，陶侃在战场上严明军纪，指挥若定。面对敌人，他冲锋陷阵，亲自手提长矛在阵前迎战张昌。张昌不敌，全军溃败，叛军被全部抓获，陶侃也因此而赢得了人生中的第一次重大胜利。在这次战役中，陶侃充分展示了自己的军事作战实力，为他以后屡战屡胜打下了基础。

接下来的几年中，陶侃接连又多次出征讨伐，均大获全胜。公元305年平定陈敏之乱，322年平定王敦之乱，328年平定苏峻和郭默之乱，在这些战役中，他表现出了超强的领袖气质和作战能力。他与士兵并肩作战，一同享受胜利成果，这在当时的社会环境中是非常难得的。他襟怀坦荡，深受部下的爱戴和拥护，四面八方的勇士们纷纷慕名而来，归于他的麾下。也正因为这样，陶侃的军队不同于散兵游勇，而是一支拥有核心领导力、统一的团队精神，且训练有素的团队，所以作战能力特别强，屡战屡胜。

陶侃所获得的军功让他的权势达到了顶峰，他被封为长沙郡公，掌管八州军事，此时的他已是权倾朝野的朝廷重臣。但是他并没有恃宠而骄，忘记自己的使命。相反，位高权重的他也深知进退行藏的道理。公元 332 年，陶侃病重，主动请求辞去自己的职务，两年后，正式交接了自己的工作和物资。不久，在返乡的船上，陶侃结束了他辉煌的一生。

陶侃的后半生几乎都是在战争中度过的，他所建立的功业都被后人载入史册，他的事迹也被自己的子嗣们一代一代传了下去。对于陶渊明来说，曾祖父就像是一个英雄，一个想要亲近又难以企及的梦想和神话，他期望能像曾祖父那样建功立业，造福国家和百姓。可以说，陶渊明有着出仕的愿望，在人生中一而再、再而三违背自己的意愿出去为官的行为，都是受到陶侃的影响。

外祖孟嘉，入世遗风

君清蹈衡门，则令闻孔昭；振缨公朝，则德音允集。

道悠运促，不终远业，惜哉！仁者必寿，岂斯言之谬乎！

——《晋故征西大将军长史孟府君传》节选

如果说曾祖父陶侃对陶渊明的影响是出世方面的，他骨子里那种“猛者逸四海”的情怀简直与曾祖父的理想志趣如出一辙，那么外祖父孟嘉对陶渊明的影响则体现在入世方面，体现在他性格里那种“性本爱丘山”的心之所向。陶渊明的淡泊、宁静和自然的天性都是直承外祖父而来，他的个性以及修养都有孟嘉的遗风。

孟嘉是陶侃的第十个女婿，学识渊博，才思敏捷，气度不凡，是一位温润儒雅的文士。孟嘉虽出身名门，但是家境却十分贫寒。他的曾祖父是历史上非常有名的孟宗，在三国时代官至吴国大司空，以行孝著称于世，《二十四孝》中便有“孟宗哭竹冬生笋”的故事。在孟嘉很小的时候，父亲便离开人世，他一个人带着两个弟弟一起潜心读书，长大后三人都成为非常有涵养的读书人。当时的人说孟嘉“冲默有远量”，“温雅平旷”，与他同郡的许多文士也都非常佩服他、尊敬他。他的弟弟孟陋也是著名的文士和隐士，亦有著作流传下来。

公元 344 年，因为声名远扬，孟嘉被庾亮征辟为庐陵郡的从事，从此步入仕途。在庾亮幕府中，孟嘉对上司尽职尽忠，对下属平易近人，深得大家的信服，上司庾亮也将他视为心腹。此后，孟嘉又分别担任过安西大将军功曹、江州别驾、巴丘令等职位。

公元 345 年，征西将军桓温素闻孟嘉的德行，非常欣赏他，遂任命他为参军。某年九月九重阳节来临之际，桓温带着亲属和部下到附近的游龙山赏菊花，并设下宴席，与大家一起杯盏相交，共话佳节。当时参会的官员们一个个都身着戎装，唯有孟嘉一人带着官帽。突然一阵风吹来，孟嘉的官帽被吹落，而他自己却浑然不觉，周围的同僚都想帮他捡起来，桓温则用眼神示意大家不要说出来。过了很久，孟嘉还是没有发现自己的帽子已经掉了，他起身去了趟厕所。这会儿，桓温就命人将帽子取回，还叫几个人写了篇文章嘲笑孟嘉。等孟嘉回到座位上，看到他们写的戏谑他的文字，马上就叫人拿来纸笔予以回应。只见他几乎没有做任何的思考，一篇文章就从他的妙笔下生发出来。大家看了之后，都自叹弗如，文辞之优美，才思之敏捷，实属难得，大家争相传颂，一时传为佳话。

这就是历史上著名的“龙山落帽”典故，后人以“孟嘉落帽”、“落帽参军”等来形容文人的才思敏捷、风雅倜傥。唐代大诗人李白就曾游历龙山，写下“醉看风落帽，舞爱月留人”的诗句，以此来缅怀这位高士，纪念这段故事。

从公元345年开始，孟嘉对做官不再感兴趣，心生归隐之念。兵部委任他为尚书删定郎，他没有推辞，但也没有上任。后来晋穆帝司马聃因其美名，希望见他一面，孟嘉也推辞了。第二年，他辞去身上重要官职，回到家乡。这期间，酷爱读书的孟嘉没有琐事缠身，终于有闲暇时间来做自己喜欢的事情。每次只要读书读出感悟，悟得一些道理，他便独自驾着马车到龙山上去，把酒临风，呼吸山上的新鲜空气，一舒胸中之喜悦。

公元349年，孟嘉病逝，卒于新阳龙山镇的家中，享年五十三岁。看似一生平淡的孟嘉，似乎没有什么政绩可圈可点，但他对陶渊明乃至中国文化历史的影响却不可小觑。他酷爱的书籍成了陶渊明童年时代唯一的精神寄托，帮助陶渊明认识世界、了解历史，学习人之初的做人道理。

窘困的陶渊明获得了一帮士大夫所拥有的阅读条件，他学习《老子》、《庄子》，钻研儒家经书，还喜欢读很多有趣的神话传说，外祖父在每一页书中所留下的气息都深深感染着陶渊明，催促着他苦学成才。陶渊明不仅从外祖父留下的遗产中吸收了成长的养分，还从诸多生活习性中模仿外祖父，在《五柳先生》中他曾自述："好读书，不求甚解，每有会意，便欣然忘食。"这样的状态不就是当年孟嘉辞官后在家读书的再现吗？

陶渊明后来专门为外祖父写了一篇传记，名为《晋故征西大将军长史孟府君传》，其中记录了许多从母亲那里听来的关于外祖父的逸闻逸事。不得不说，孟嘉在陶渊明晋升为高逸隐士和田园诗人的道路上起了至关重要的作用。

乞食少年，命运沉浮

饥来驱我去，不知竟何之。
行行至斯里，叩门拙言辞。
主人解余意，遗赠岂虚来。
谈谐终日夕，觞至辄倾杯。
情欣新知欢，言咏遂赋诗。
感子漂母惠，愧我非韩才。
衔戢知何谢，冥报以相贻。

——《乞食》

尽管陶渊明有着引以为傲的官宦家世背景，但这对他的影响也仅是品质和性格的塑造，在物质生活上并没有给他带来多大的改变。他曾经在《与子俨等疏》中描述了自己年少时家里的境况：

"少而穷苦，每以家弊，东西游走。"为了维持基本的生活，他们到处去借贷，靠救济来艰难度日，可谓窘迫至极。

其实，陶家早在陶侃逝世之后就开始呈现没落的态势，陶渊明一生的悲剧基调也就此注定。陶侃一生总共娶了十五位妻妾，诞下二十三个儿子，因为平时到处征战，公务繁忙，陶侃几乎没有任何时间来教育自己的儿子。等他死后，子嗣们为了争夺财产，彼此相互残杀，家庭悲剧开始不断上演。当时陶侃的对手庾亮眼看着陶家分裂，乘虚而入，利用朝廷的势力一举歼灭了陶家的骨干力量，不仅从其手中夺得了兵权，还将陶家的家产收入囊中。至此以后，陶家再也没有实力东山再起，从此一蹶不振。剩下的子嗣们厌倦了手足相残和同僚们的挤压，多无心仕途，纷纷归隐而去。

陶渊明的父亲陶逸是陶侃第七子陶茂的次子，曾做过安城太守，但因体弱多病，遂辞去官职，闲居在家，一家人依靠本就不丰厚的积蓄来打发日子，陶家以后的境遇由此可见一斑。随着陶逸病情加重，生活越来越艰难，陶渊明的母亲已经没有更多的能力赚钱为夫君治病了。大概在陶渊明八岁的时候，父亲经过长久的病痛折磨，最终撒手人寰。

陶渊明发誓要振兴陶家门楣，恢复当年的兴盛之态。在这样的信念支撑下，他终于在晋孝武帝太元十八年（公元393年），大约二十八岁的时候，第一次出仕做了官，任江州祭酒。多年苦读终于有了些许回报，他的这份官职不仅为他提供了一份俸禄，以维持家庭生计，也能让他将平生所学用于实践之中。此时，他满腔的雄心未酬，希望借此机会施展自己的抱负。

然而，寄托了陶渊明美好理想的仕途生涯并没有给予他多大的安慰和满足。当他进入仕途之后，看到了人事上的诸多纷争，这让长期亲近自然又个性耿直的陶渊明非常不适应，他看到个人力量的弱小和强大权势之间的矛盾，终于“不堪吏职”。加之此时爱妻陈氏去世，陶渊明心情又跌落到了低谷。种种不顺，让为官不久的陶渊明心生归隐之心，决定返回田园过自在安闲的清净日子。

之后陶渊明又有几次出仕的经历，不幸的是都以失败告终。归家之后的他只想自食其力，通过劳动来养活家人。可天有不测风云，连年的自然灾害和家里的一场大火，让陶家不断遭受致命的打击。

家境日渐衰落，陶渊明也不知如何是好。看到家里常常揭不开锅，孩子们都饿得哇哇大叫，自己又不能做些什么来改变境况，此时的陶渊明心里非常难受。因为饥饿，他放下知识分子的孤傲，出门请求自己的邻居和朋友们帮助，可是走到家门口时陶渊明犹豫了，想说的话到了嘴边又被咽了回去，因为这不知是他第几次前来求助了。但是他的老友们却非常理解他，慷慨地送来他所需要的物资以解燃眉之急。他们一起把酒吟诗，纵论时事，此时陶渊明心里对朋友们非常感激，同时却又惭愧万分。

当年韩信落魄之时，在城边钓鱼解饥，旁边有位洗衣服的妇人看到他因饥饿而身形消瘦，非常怜悯他，便给了他一些食物充饥。韩信心里很感激这位妇人，暗暗发誓，有朝一日等自己发达了，一定要来报答这位恩人。后来，韩信遇到自己的伯乐刘邦，帮助他打败项羽，被刘邦封为楚王。权力顶峰的韩信并未忘记当年给自己一饭之恩的妇人，他多次派人打听这位恩人，并赠予她许多金银财宝以示感谢。而这些给陶渊明提供物资的老朋友们就像是洗衣服的妇人，在他穷困之时雪中送炭，只可惜他没有韩信那样的才干，不能偿还朋友们的恩情。他只能在心里牢牢记着朋友们的好意，但愿死后在黄泉之下能保佑他们，以此报答恩情。

陶渊明晚年虽然备受饥寒的摧残，可贫苦之中依然有快乐相伴。每当结交了志趣相投的新朋友，他便与之推杯畅饮，完全忘记了自己处境的尴尬和难堪。陶渊明的这种固守清贫、苦中做乐的心态不仅是性格所致，更是人生大起大落之后的坚定选择。在逆境中仍然不忘生命之初的本真，积极地与命运抗争，“穷且益坚，不坠青云之志”，为后世文人作出了表率，更成为他们精神上的榜样。

第二卷

游学求仕，归来兮赋闲情

陶渊明的作品，无论诗歌还是辞赋记传，都是发乎性情有所寄托的，不会空穴来风向壁虚构。对于《闲情赋》，后人众说纷云，有人说是为了悼念他三十岁时死去的妻子而做，有人说是为了寄托对初恋情人的思念而做，显然后者更通人情。陶渊明这次游学求仕的经历，在他的诗作中多有体现，《饮酒》第十首写道："在昔曾远游，直至东海隅。道路迥且长，风波阻中涂。"东海隅指现在的苏北沿海一带。陶渊明就是在现在的江浙一带，遇到了自己的初恋。

孤独游历，看尽炎凉

少时壮且厉，抚剑独行游。
谁言行游近？张掖至幽州。
饥食首阳薇，渴饮易水流。
不见相知人，惟见古时丘。
路边两高坟，伯牙与庄周。
此士难再得，吾行欲何求！

——《拟古》其八

习文、仕宦、忠君、辅国、富民，是中国古代知识分子体现自我价值、追求人生成就的必经之路。在北族入主中原，天下苍生罹难的乱世之中，辅国、富民似乎显得更为高尚、伟大。不过，在准备好步入朝堂之前，每个雄心勃发的士子都要先完成一件事情——游历。

陶渊明亦是如此，习读经典十余年后，这轮初生的朝阳正急切地渴望认识生育自己的土地；他想要走遍山河的每一个角落，用脚印丈量它的每一寸壮美。

可是从这首以回忆为主的诗文内容上来看，他的这次游历似乎并不理想：“不见相知人，惟见古时丘。”而且似乎每向前多走一步，那颗和所有青年士子一样充满激情的心脏就会冰凉一分——他走过了许多地方，却发现自己始终是个孤独的人。没有人拥有和他相同的大志，没有人在乎这片江山如何多娇，他们甚至不想关心时事，哪怕北寇几天前刚掳走远处郡县的百姓。他满心欢喜地走上旅途，沿路却要靠失望陪伴、解闷。到头来，一场说走就走的旅行，竟如同可笑的废话般全无意义。

其实，被时间模糊的不止是陶渊明的记忆，还有多年以前的那腔悲愤。

太和四年（公元 369 年），陶渊明大约四岁；当年四月，东晋大司马、权臣桓温第三次带兵北伐。五万大军浩浩荡荡地渡过黄河，杀气直逼前燕国都邺城。然而在襄邑之战中，桓温被慕容德和慕容垂夹击，导致东晋战殁三万人马血流漂橹，惨败至极。由于桓温此前曾经在二次北伐中收复洛阳，声望无人可敌，他本想借着这次北伐的战功，为自己日后的篡权之举铺路。当战败的消息传来，东晋上下人心不稳，生怕前燕会和前秦联合攻伐江南。锦衣华服的俏丽江南，几乎一夜之间就陷入恐慌之中。在兵荒马乱的年代里，连身为垂髫稚子的陶渊明也不禁嗅到了战争的气味。

陶渊明大约八岁那年，吴郡、吴兴、义兴（即“三吴”）发生旱灾，百姓颗粒无收，沿途饿殍遍野，卖儿鬻女者不计其数。也正是在这一年，父亲陶逸撒手人寰，留下妻子和侧室，还有嗷嗷待哺的陶渊明兄妹。陶渊明十五岁左右时，东晋再次遭遇大旱，频繁的天灾不仅让百姓的生活愈发艰难，更滋生了多种流行瘟疫。面对在水火之中苦苦求生的东晋，年轻的陶渊明立下济万民于倒悬、扶危墙于社稷的大愿。

他相信，这个志向不仅属于自己，也属于仙去多年的曾祖。

于是，大约二十岁那年，意气风发的陶渊明终于走出七里山，开始了人生中的第一次游历。他没有去遥远的张掖或者幽州，因为他根本去不了；即便去了，也很可能在半路上就被北国胡人截杀。那样的话，中国历史上就将少一位田园诗祖，而多出一条枉死的性命。所以“张掖”、“幽州”之说，更像是作诗时的夸张表现，用以说明自己的行程之远和感触之深。

陶渊明最有可能去的地方，是东晋的国都建康，还有名士汇聚、少长咸集的会稽郡、吴郡等地。

我们猜想，陶渊明的这次游历应该是失望透顶的，不然他也不会在《拟古》中不断地叹息，悲愤自己竟然找不到知音。硕大的建康城如同一顶深不见底的染缸，王公贵族在色彩斑斓的醉生梦死中沉沦，对他这个怀有满腔报国热血的有志青年不屑一顾。看到名帖上的“陶”字时，也不过条件反射式地多问一句：“从前做捕鱼倌儿的陶侃，是你什么人?”

而当听说陶渊明是陶侃的曾孙后，士族们的不屑甚至更重了几分：“甩给他几锭银，叫他上别的捕鱼倌儿处去!”

如果说在建康城遭受冷遇是庶族子弟预料之中的羞辱，那么在会稽的见闻简直就是给陶渊明当头泼来的刺骨冰水：士大夫们继续高卧穹庐竹林之下，青衣煮酒，清谈阔论的依旧是“有”和“无”的无聊逻辑；他们在脸上涂抹脂粉，以炫耀苍白为乐；众人三三两两聚在一起，疯狂吞食几曾毁灭士人风骨的五石散；药性发作时，所有人都会陷入癫狂，在酒精和女色的作用下忘乎所以，撕破之前用心维系的形象。

这群丑态百出、沉溺丹药的瘾君子，就是王羲之笔下的“群贤毕至”? 品味着数年前书圣的大作，陶渊明感觉自己被欺骗了。

他怀着最后一丝希望，想试着用自己的见闻来触动对方，结果却受到更多的打击：从北方南渡而来的名士们，对他口中收复中原、光复华夏的倡议毫无兴趣，认为这是他血气上涌后的痴人说梦。他们口中的五胡北寇，似乎就是专为惩治汉人而降世的阎罗妖孽，任何想要北归的晋人，无疑都会沦为妖孽们的刀下之鬼。

那些江南出身的名流贤士则对陶渊明的爱国壮志嗤之以鼻，直言他根本不懂人生的乐趣是为何物，苦短的人生实在没有过多的时间去关注纷乱的朝局和时政，及时行乐、修仙炼道才是唯一的答案，正所谓“独善其身”是也。至于北方——“反正不是我们的祖庭，何必心有戚戚?”

陶渊明怀着失望的心情，离开会稽。这次游历的见闻让他产生了许多新的疑问：“我所处的究竟是怎样一个世界，竟然连区区几位同道之士都寻遍不到?”

“我不要再待在这里，我要回去!”

一年后，在失望和近乎绝望的双重打压下，青年陶渊明回到了七里山。他带着母亲和妹妹离开了外祖父的门第，回到世代居住的陶家园。

无妄之灾，仰睇天路

天道幽且远，鬼神茫昧然。

结发念善事，僶俛六九年。

弱冠逢世阻，始室丧其偏。

——《怨诗楚调示庞主簿邓治中》节选

陶渊明的人生是坎坷的，从出生到离世，他经受了常人难以想象的痛苦和灾祸。在陶渊明所有的诗作里，能够让我们直接感受到他凄惨生活的，也许正是这首作于晚年的《怨诗楚调示庞主簿邓治中》。在诗文的开头，这位以淡泊恬静著称于世的诗人就送出了平地惊雷：天道、鬼神，这些站在看不见的九天和深渊中凝视世界、操纵人生的神灵们，是否真的如传说般存在？

二十岁的陶渊明出游，一心想要向曾祖陶侃那样为民请命，平定祸乱。为此，他访遍建康和会稽的公卿名士，费力奉迎，却遭受羞辱无数。如今这个世道，比陶侃在世时更加纷乱，命运加诸自己的那些定数，竟然一次比一次可怕。眼见如此，饶是陶渊明再有看淡世间的心境，恐怕也无法选择相信命运了。

一面是残酷的现实，一面是秦汉以来就令世人深信不疑的鬼神之说，陶渊明想要相信命运，却不禁又怀疑起上天的公允。那句“弱冠逢世阻”，道出的不是人生的艰辛，而是对世道的愤愤不平。陶渊明的诗向来质朴清新，唯有这一首充斥了悲怆和愤懑之色。我们有理由相信，如果不是被欺侮到了极致，与道家神交半生的陶渊明绝不会允许自己作出煞气盈面的诗文。

公元 385 年，在建康和会稽大失所望的陶渊明返回七里山，刚到家里，他就要带着母亲和妹妹搬离这里，迁回安成东北处荒芜多年的陶家园。之所以离开，是因为陶渊明在外游历的时候，有人将陶母孟氏继承的庄园抢走了。

这个人就是谢玄。

太元八年（公元 383 年），淝水之战爆发，谢安和侄子谢玄以八万东晋北府军大破前秦皇帝苻坚的八十万大军，并一路讨伐至北方中原，谢氏一跃成为朝中第一大士族，族中的精英、子弟皆身居高位，把持朝政。两年后，谢安病死，司马曜论功行赏，将曾在淝水之战中任先锋都督的谢玄封为康乐县公，封地正巧在七里山附近。

然而，康乐公无论气度还是风度皆远不如自己的叔叔，他自始至终都痛恨乱国擅政的桓温，誓要将他的“同党”们一网打尽，至于早年追随过桓温的孟嘉，则更是谢玄重点打击的对象。

作为谢氏士族中的精英，谢玄自然不可能将死去快三十年的孟嘉从墓冢中挖出鞭笞，但促狭的他想出了更缺德的主意：他以安成孟氏庄田在皇帝赐给自己的封地内为由，强迫兼并了这片肥美的园居，然后毫无廉耻地要求陶渊明一家交出他康乐公的“家产”。

面对谢玄强词夺理似的抢掠，孟氏自然怒不可遏，但妇道人家所能做的，只有将自己的不平和眼泪送到当地官衙，请求高堂之上的地方官为陶家主持公道。然而，精明的地方官并不愿意为一个下嫁庶族的名士之女而得罪新近的爵爷们——被封在浔阳附近的不只有谢玄，还有谢安的次子谢琰。

陶渊明却远没有母亲那般激动——经过建康、会稽等地的游历，他早已认清了这些士大夫的真面目。自幼在老庄文海中遨游的陶渊明虽然接受的是儒学的武装，却始终放不下冥冥中向自己招手示意的恬淡。庄园也好，家业也罢，于陶渊明而言都是身外之物，他并不需要这些东西来彰显自己的身份；他是一个自由的人，一个精神和人格都完全独立的人；他行走在天地之间，既可以安然享受孟氏庄园的产出，过粗茶淡饭的乡野生活，也同样能像颜回那样，一箪食、一瓢饮，在陋巷中坚守品德。他犹如江天一览处的皎洁月光，谢玄遮挡不住，原有的这片庄园更不可能将他围困。

回去吧，回到那座本就属于他的茅屋之中，糙米霉菜，麻纸浊酒，这些生不带来、死不带去的劳什子已如树藤似的将他囚禁多时，现在既然谢公要拿走这些桎梏，那他又何乐而不为?

只是他真的不能明白：上天，为什么总是要在他最需要安慰的时刻，乐此不疲地送来磨难?

其实，陶渊明大可不必过分纠结上天对自己的态度，因为即使在科技高度发达的今天，我们也依旧可以相信，人的命运不仅公平，而且公正：就在夺走孟氏庄园不到两年的时间里，谢玄的身体就迅速被病魔侵入；强忍着支撑了一年的时光后，这位夺走陶渊明家园的北府军创始人死在了会稽内史的任上，年仅四十六岁。

情思邈邈，爱意浓浓

激清音以感余，愿接膝以交言。欲自往以结誓，惧冒礼之为諐；待凤鸟以致辞，恐他人之我先。意惶惑而靡宁，魂须臾而九迁：愿在衣而为领，承华首之余芳；悲罗襟之宵离，怨秋夜之未央！愿在裳而为带，束窈窕之纤身；嗟温凉之异气，或脱故而服新！

——《闲情赋》节选

人生是一条静谧的溪流，汩汩淌过幽峭的山涧林地，淌过翠峰叠嶂，淌过空谷隐峡，淌过田园村落，最后悄然汇入河水的涟漪之中。身为最负盛名的田园诗人，陶渊明留给世人的印象大抵如此。

在《闲情赋》的序言中，陶渊明似乎仍在坚守精神世界独有的旷达和闲逸："初，张衡作《定情赋》，蔡邕作《静情赋》，检逸辞而宗澹泊，始则荡以思虑，而终归闲正。将以抑流宕之邪心，谅有助于讽谏。缀文之士，奕代继作；因并触类，广其辞义。余园闾多暇，复染翰为之；虽文妙不足，庶不谬作者之意乎。"这一论调，既符合陶渊明的价值取向，也与魏晋以来受玄学影响的虚无文坛泾渭分明；虽算不上是对奢靡风气的直接挑战，却始终保持了思想和行文的独立性。

只是，在看到《闲情赋》的具体内容时，陶渊明"讽谏"的初衷看上去却有些模糊。

所谓"闲情"，说的并非怡然自得的闲情逸致。《书·毕命》有云："虽收放心，闲之维艰。"这里的"闲"并非代表状态，而是指约束、阻隔的行为；约束的对象，就是"情"。

按照序言的内容，陶渊明写《闲情赋》的目的是要警醒、讽谏世人，不可为男女之情乱掉方寸。他欣赏张衡和蔡邕的前作，赞同他们不遵循汉赋的原有写作脉络、另辟蹊径以言志的做法。然而，这两篇汉赋都仅剩残句留存，今天的我们无法再一睹真容。

古人对待感情的态度极其微妙。在正统儒学思想的笼罩下，"发乎情，止乎礼"的男女交往之道被士子学者们视作不可动摇的金科玉律，将那些"出格"的行为视作洪水猛兽，不但要反对，有时还会加诸匪夷所思的鞭挞。在今天看来稀松平常的"张敞画眉"，竟然会出现在汉宣帝的朝会之上，作为皇帝斥责臣子的理由。

南宋末年，朱熹提出“存天理而灭人欲”，从理论上确立了情感诉求的低俗性与不合理性，认为欲望——尤其男女情欲，是祸乱的根源，会带来倾覆式的后果，因而加以批判。他们狂热地崇拜相敬如宾、举案齐眉的夫妻生活，并将其看作是夫妻生活的范本。相反，对各种自然情感的流露，则是淫邪不道的恶行。

陶渊明回到陶家园后，一家三口的生活变得艰难了许多，却也自在了许多。孟氏的身体并不硬朗，但常年的贫苦日子让这位母亲已习惯了对任何艰辛都无所畏惧；妹妹虽还年幼，有时却比自己更懂得生活的真谛。有两个坚强的女人扶持，陶家的日子虽然清苦，终归能做到祥和安泰，于是陶渊明的终身大事便顺理成章提上日程。

据陶氏族谱记载，陶渊明的第一任妻子是王家的女儿。这个王家显然不是那个足以超越谢氏的士族门阀，而是浔阳郡的一处普通人家。王家小姐的相貌究竟如何，如今已经不得而知，但相信她至少有几分折花的俏丽和才学，让继承了孟嘉脾性的陶渊明放下义士身段，跟随媒人前往王家下聘礼。

古时女子婚事不比今天，名车艳装、金顶华屋在她们眼里绝没有今时这般看重。女子们真正想要的，是自己的丈夫出身名门，有显赫光鲜的过往。即便家无余财，至少也要有满腔才气，是个一等一的英武男子。而陶渊明恰恰就是她的理想夫婿：名将陶侃曾孙、本地太守之子、高士孟嘉外孙，试问天下之大，除了建康城中的士族们，还有谁能比得上陶渊明的家传？即便是个庶族寒门子弟，而且家道中落多年，但那些贵族们只知饱食终日，陶渊明却是怀有对天下苍生的怜悯之心、前无古人的才思文笔，这不注定他会有崛起发达的前程吗？

王小姐自然想也不想就从了媒人的说辞。

夫唱妻随，相敬相知

在昔曾远游，直至东海隅。
道路迥且长，风波阻中途。
此行谁使然？似为饥所驱。
倾身营一饱，少许便有余。
恐此非名计，息驾归闲居。

——《饮酒》其十

陶渊明晚年所做的《饮酒》诗，大部分都是酒醉狂乱后的涂鸦之作，其中既有对现实的不满，也有对过往的感怀。要么屡屡提及成人后的不得志，要么就是对上流社会的讥讽怒骂。醉酒的诗人如同失了三魂七魄，只剩下一副皮囊，在黑暗的山野中拼命寻找曾经的青春。但是，青春终究再难寻。

然而，在对待贫穷生活的态度上，陶渊明似乎存在很大的矛盾，甚至有分裂的倾向。在这首《饮酒》中，他讲述自己出游东海隅（今江苏丹阳）的往事，结果遇上了糟糕的天气，被迫选择归途。这时的陶渊明认为自己之所以如此狼狈，完全是贫困的生活所致。但平心而论，他又不觉得清贫与自己有什么关联，只不过世道艰阻，让他不幸遇到罢了。

只有陶家的家主会为柴米油盐的缠身犯难，陶渊明永远不会在乎这些事情，因为他的精神世界比全天下所有人加起来还要富足。

可惜他的妻子不会这样想。

满心欢喜嫁入陶家后，作为陶渊明的妻子，王氏至少在精神享受的层面得到了满足：丈夫每日潜心读书，从不对她大声呵斥；婆婆和小姑也是知书达理的明理人，对这个媳妇有说不出的满意。每日要做的事情，无外乎煮饭奉茶、伺候研墨，时光比女子的柳眉粉黛还要分明。几年过去了，王氏仍旧日复一日地在陶家园操持家务，满腹经纶的丈夫却丝毫没有仕宦为官的打算。

王氏对此很是不解：陶渊明有卓尔不群的才气，每日随性手书几笔，都是畅快得难以言表的高明。周遭里县也有不少孟嘉、陶逸当年的门生故旧，随便问个安就有官职相候。可他竟偏偏不愿意做官，宁可赊酒度日，也决然不肯去拜访乡里。

是她当初看错了眼，还是丈夫心里另有打算？

陶渊明其实还是那个胸怀大志的青年士子，他热衷琴棋书画，始终勤学不倦；每日苦读诗书，让渊博的学识继续不断累积。而立之年又尚未到来，他又怎么可能甘心只做一个隐士，任凭那些个公卿士族靡费天下，自己身为陶侃的后代，却待在草庐陋室之中，丝毫不去想象建功立业的未来？他仍旧抱定济世之志，渴望有朝一日能重振曾祖的荣光。“闭门向山路，深柳读书堂”的生活虽然雅致闲静，但绝不可能容纳得下一颗怀揣天下的赤子之心。只是，每当想到二十岁那年的建康游历，陶渊明就本能地想要抵制一切，他并不愿再遭受一次刻骨铭心的失望。这就是陶渊明，没有人能劝得了他，更不可以威胁他。

在由贫困不断引起的家庭矛盾之中，王氏逐渐认清了丈夫，并且更加坚定了自己的信念：自己没有嫁错人。

“你要做那高洁之士，那便去做罢，家里的事我来操持!”

夫妻之间，难的不是相亲相爱、白头偕老，而是富庶不能同甘，贫贱无法共苦。在成长的岁月里，陶渊明逐渐养成了愤世嫉俗、独钓寒江的清傲。他痛恨世道，痛恨被权贵垄断的仕途，痛恨自己想要救济苍生却无处下笔的困窘。可是他的妻子王氏却是典型的小家女子，习的是从与德，本没有多少机会体会丈夫痛苦的心路历程。然而即便如此，她也依旧用女性独有的胸怀，包容坚守在道德制高点的陶渊明，任他与浊世斗争，任他飘零荡涤，从始至终不离不弃。当陶渊明再次踏上旅途，前往东海隅寻找自己中意的人生时，她正待在陶家园破败的茅草庐中，潜心侍奉日渐衰老的孟氏和小姑。哪怕丈夫再次带着失望归来，她也不会多说什么，只是静静地烧好一盆洗脸水。她明白，丈夫的心比躯体还要沉重许多。

家有贤妻如此，夫复何求?

但妻子的恩德是必须要报的：为了补贴家用，陶渊明举家暂时搬出了陶家园，来到浔阳城教书。他是当世才子，教学育人自不在话下。如此下去，家中的情况倒也尚可。

第三卷

初仕政坛，报国之志难酬

陶渊明游学回家之后，结婚成家，考虑将来添丁加口的问题，举家离开园田居，移居到浔阳县城做了一位教书先生以维持生计。陶渊明教了四五年书，认识了浔阳县的不少官员，他的文才逐渐显露出来。那篇《闲情赋》被友人抄去后流传开来，传到了当时的江州刺史王凝之手里，此人很欣赏陶渊明的文笔，便请他到江州来做祭酒。经历了诸多苦难与波折后，陶渊明终于迎来了人生第一次出仕的机会。这个机会带来的到底是光明的前途，还是诸多的烦恼？陶渊明还不知道，他希望能够在政坛上一展抱负，希望能够关怀天下黎民……

生路多艰，济世安民

悠悠上古，厥初生民。
傲然自足，抱朴含真。
智巧既萌，资待靡因。
谁其赡之？实赖哲人。

——《劝农》其一

哲人伊何？时维后稷。
赡之伊何？实曰播殖。
舜既躬耕，禹亦稼穑。
远若周典，八政始食。

——《劝农》其二

从传说时代的远古先民，到饱经战乱的中华大地，一亩三分地始终是生养人口、聚集财富的根本。那些依靠自己的双手创造生活的农夫，很多年前就印刻在幼年陶渊明的心中，因此他才会毫不吝啬地用“抱朴含真”四个字去称赞他们。然而话锋一转，诗文中又流露出陶渊明对农民的担忧，“劝农”的深意由此而来。

古代极重农业，一地的农业人口和产出水平往往会决定地方官的政绩优劣。到了魏晋时期，“劝农”已然成为考核官员的重要凭据，直接影响到官职的升降。在庙堂的巅峰宝座上，天下之主们宣称：“农，天下之本也。”于是农民终生都要被束缚在不属于自己的土地上，“汗滴禾下土”地辛勤劳作，最后换来的不过是继续被奴役的命运和统治者的怜悯。

只是对陶家园的爱，并不能掩盖日渐窘迫的生活。陶渊明与王氏的琴瑟和睦，或许可以让他们的夫妻生活更加美满，让自我流放的诗人在食不甘味的贫贱生活中得到几许宽慰。但命运之所以为命运，正在于它不可捉摸的脉络，还有无法控制的走向。虽然青年的游历让陶渊明对尚未开启的仕途伤透了心，却没能浇熄他胸中持续闪烁了二十多年的星星之火。他真正抵触的，其实只是建康城中的士族们。陶渊明并不知道，或者他只是装作不知道：他违心选择回避的这个世界，比他离开会稽时更像地狱。

谢安的死是东晋的转折点——他是最后一个看得清世道的人。皇帝司马曜有心削弱谢氏的权力，于是没有再像往常那样，从士族中选拔官员继承大权，而是任命皇族王爵总督军政事务，这也是司马曜追功淝水之战、大封谢氏的原因之一。从平衡权力的角度讲，司马曜的权术不可谓不高明，不但有效限制了士族门阀在东晋政坛的影响，还将消沉了近百年的司马氏皇族重新送入朝堂。作为司马睿的后代，这位东晋后期罕见的在位超过二十年的皇帝的确在形式上巩固了司马氏的统治。也正是由于有了操盘手司马曜，东晋的棋局才总算能继续苟延残喘一段时间。

之所以说是“形式上”，是因为司马曜在最关键的时刻落了一枚绝不值得托付的棋子——司马道子。而其之所以能够被皇帝司马曜委以重任，是因为他是当时皇族中血脉离司马曜最近的一支，琅琊王爵位又是晋元帝司马睿称帝前的位置。

司马道子的存在根本就是对东晋朝廷的侮辱：此人政务不见多少长进之处，搬弄是非、祸连党结倒是一等一的好手。早在谢安掌政时，他就勾结朝臣王国宝与谢氏抗衡，多方排挤谢安；而这位王国宝不是别人，正是当年与谢安一同前往桓温大营、蓝田侯王坦之的第三个儿子。他利用堂妹是司马道子王妃的关系，迅速与之攀上关系。两人臭味相投，上演了一桩另类的“王与马共天下”的乱局；那些所谓藏污纳垢、索贿营私的丑闻，放在王马二人这里已经算不上稀罕事情。

当回过神来的司马曜想要重新掌控一切时，却发现这个朝廷似乎已由不得皇帝多说什么了。这位嗜酒如命的皇帝并不知道，与老百姓的生活相比，他的憋屈不过是闲极无聊的冥思苦想罢了。

王马二人的弄权导致整个东晋都陷入水深火热的边缘，火山虽然尚未喷发，但大灾变前的预兆却是格外明显：浔阳城中的教习先生陶渊明忽然发现自己的口俸变得越来越少，甚至已经有入不敷出的情况；城里的物价依旧水涨船高，家人的日子顿时又陷入了窘迫之中，并在儿子陶俨出生后尤为明显。

陶渊明开始寻求收入更高的工作，只为让陶俨不至于只靠米汤度日——即便是这点稀薄的营养，现在也愈发难得。他将自己的一部分诗稿卖了出去，反响还不错，看来即便是兵荒马乱的年月，魏晋江南依然不缺附庸风雅的人。于是他又卖了些文章，换到了不少钱粮，足够陶俨成长所需。

然而，就在他为生活苦苦打拼之时，命运却给儒道并行的陶渊明指出了另一条岔路口：出仕。

勉强出仕，身不由己

畴昔苦长饥，投耒去学仕。
将养不得节，冻馁固缠己。
是时向立年，志意多所耻。
遂尽介然分，拂衣归田里。
冉冉星气流，亭亭复一纪。
世路廓悠悠，杨朱所以止。
虽无挥金事，浊酒聊可恃。

——《饮酒》其十九

每个诗人都可以是哲学家，但哲学家却没有理由都是诗人。读到陶渊明的诗句时，我们总会在他恬淡如菊的闲适中感受到一丝丝痛到极致的顿悟：“将养不得节”时的悲愤、“投耒去学仕”的无奈；为了心中多年以前就变得模糊的梦想，他被迫搁置早已熟悉的个人形象，走出赖以容纳自我的田园，不情愿地迈向世俗的黑暗领域。

《饮酒》有很多首，然而无论如何情真意切、思绪冗长，这些浸污了浊酒的文字都只在描述一个陶渊明——一个想要与这个世界为敌却发现世界早已不把自己放在眼里的陶渊明。

在浔阳城中教书时，陶渊明认识了不少当地的名人，他们不但领略过陶渊明的文才，更曾听说过陶侃、陶逸的过往。当看到名将之后为了几斗粳米而变卖字画诗书时，文人们心酸不已。在他们的不断推介下，陶渊明在浔阳的名声越来越大，他的文章诗赋也广为流传。

不过，大多数人对陶渊明的作品都是持不敢苟同的态度，幸好这世上总会有那么一两个与众不同的人：江州刺史就很欣赏陶渊明的文章，并且为他提供了一个职位。

太元十八年（公元 393 年），带着圣人门徒天生的责任感，陶渊明来到了江州，成为刺史王凝之的祭酒。然而，迎接他的不是繁复的工作和使命感，而是等待已久的羞辱。

说起琅琊王氏，江南上下无人不知，无人不晓。“王与马共天下”的典故至今为人所称道，王导更曾被元帝司马睿拉邀请同坐龙椅，接受群臣朝拜，是侨人士族中独一无二的魁首。在江南，王氏就代表着无上的权势：他们想要谁做官，谁就能冲破九品中正，成为封疆大吏；他们想要哪位王爷当皇帝，即使后者如何不情愿，也得恭恭敬敬地戴上皇冠受命。王氏一族之于东晋皇族，甚至已经超过了普通的权臣角色，更像是整个东晋的操盘者。至于陶渊明效忠的这位王凝之，毫无疑问也是琅琊王氏的成员，而且绝对是个不好惹的人物。

王凝之的叔祖父正是王导，他是王氏迁安江南后的第二代家族成员。不过放在今天，他的父亲——王羲之和七弟——王献之比王导更加闻名遐迩。

庞大的家族背景，极高的家族声誉，王凝之尚未出生就衔到了荣华富贵的金汤匙。可是，造物主似乎认为自己对王凝之的偏心仍然不够，竟又将另一份好运也赐给了他：王凝之的妻子也颇有来历，她就是士族大家谢氏的成员、谢安的侄女、“可叹停机德，堪怜咏絮才”的女名士谢道韫。

巅峰门阀的出身、累世积攒的名望，让即便看上去混混噩噩、稀松平常的王凝之也成为东晋权柄的一员。在这样的高官手下做事，只要不犯错，并且攒下名声，相信陶渊明不久就能获得王凝之的青睐，并由他推荐升迁，进入纷乱耀眼的建康。凭着自己的能力，借着王凝之的东风，陶渊明成为当朝重臣的道路似乎格外清晰。

在达官贵人的眼中，陶渊明早已被抹去了“生民”的淳朴和勤劳，只剩下裹挟着泥土的肮脏和低贱。他们讨厌出身“寒门”的陶渊明，厌弃地捂着鼻子躲避他并未沾染的体臭；这个年轻人礼貌地向他们拱手作揖，得到的却往往是对方坐骑不屑的响鼻；即便是自己效忠的王凝之，对陶渊明也有些阴晴不定，多方指责。

渐渐地，陶渊明意识到，为王凝之效力可能是他此生最大的失误。这源于一场祖辈的恩怨，陶家和王家间的纠葛，早在他降生前就已定下基调。

祖辈恩怨，刺史难保

忆我少壮时，无乐自欣豫。
猛志逸四海，骞翮思远翥。
荏苒岁月颓，此心稍已去。
值欢无复娱，每每多忧虑。
气力渐衰损，转觉日不如。
壑舟无须臾，引我不得住。
前途当几许，未知止泊处。
古人惜寸阴，念此使人惧。

——《杂诗》其五

与《饮酒》不同，陶渊明的《杂诗》并非酒后涂鸦、抒发不满的抑郁之作，其中的很多诗句其实是诗人随性之时信手而做，而后再铺陈写就。若论其中的思想，《杂诗》不如《拟古》和《饮酒》，但说起情趣，《杂诗》中的枝节横生远非其他诗作可比。

“忆我少壮时，无乐自欣豫。”陶渊明用自然简练的语言，小心地勾勒出自己少年、青年时清贫却快乐的时光。读来虽隐隐有惆怅的味道，却意外地真实，让人感觉既亲切又感慨，无论富庶贫贱，都能体会到陶渊明当年胸无城府的快意。

“猛志逸四海，骞翮思远翥”，陶渊明始终记挂着少时心中的梦想，希望有朝一日能振翅高飞，成为国之栋梁，以满腹的经纶才学医治苦痛中求生的天下苍生。

“荏苒岁月颓，此心稍已去。”男人的雄心就像毒瘾，刚失去它时，你会觉得自己的人生已经完了，胸中大志的离去意味着作为人的自己已经没有了存在的必要，只是个可有可无的躯壳。但是随着时间流逝，会发现原来真正想要的也只不过是普通人的生活。这大概是所有一事无成的有志之士都不愿意面对的现实。

“值欢无复娱，每每多忧虑。”陶渊明可能隐隐感觉到了这份现实，但饶是他也无法接受这般感悟，强烈的忧患意识正在逼迫他，要他努力崛起，为自己的生命创造意义。

陶渊明的诗也可以是苍凉深沉的，正如他而立之年的那次出仕。

在见到陶渊明本人之前，王凝之并不知道他的出身。在他的思维里，自己不过是给一个年届而立却尚未出仕的人机会，让他为自己效力罢了。然而，当陶渊明滔滔不绝地歌颂自己的曾祖陶侃和外祖父孟嘉时，这位江州刺史终于无法淡定了。

当年，晋室南渡后，王导成为东晋的掌舵人，司马睿对他非常信任，将朝中大权尽数交由他打理。王氏一族制霸江南的荣耀由此开始。他的堂兄王敦自幼习武，为人蛮横不讲世故。司马睿封他为镇东大将军，让他总督六州军事，几乎是把整个江南的军事指挥权都给了琅琊王氏，但王敦并不得意：他觉得自己才是那个安天下的人，但皇帝却不肯信任自己；而当了丞相的那个人，又偏偏是自己的堂弟王导，于是简单的心理不平衡迅速转化成为对司马睿君臣的严重不满。

永昌元年（公元 322 年），被篡位野心和皇帝的猜忌折磨太久的王敦领着下属们在武昌振臂高呼，以“清君侧”、诛杀四州军事都督刘隗的名义攻向建康，准备让东晋的清谈君臣们见识一下王翦之后的威名。然而，当王敦军队攻到建康西面的石头城下打算表演一场教科书般的攻城战时，守城将领周札却打开城门请降。王敦将周处的儿子斩杀，把刘隗逼往石勒的赵国，甚至连奋力营救王氏一族的周顗也不放过，还把手伸向了少有贤明的太子司马绍身上，独揽大权。

大权在握的王敦气焰日高，不但继续在武昌遥控指挥朝廷，而且日益地骄纵不法，甚至暗杀了劝谏自己的弟弟王棱，终于惹得天下大怒。

第一个正式宣布罪行并讨伐王敦的是梁州刺史甘卓。为了增加自己的实力，甘卓又派人联系时任广州刺史的陶侃，有了这位长胜将军的协助，击退王敦自然不在话下。不过，陶侃并没有按照甘卓设想的那样，从广州大举发兵，而是日复一日地用檄文和奏章攻击王敦和他的下属，从广州调出来的兵员也只是站在边界线上壮声威，绝不多向前一步。甘卓失望至极，却又对陶侃无计可施。

不久，陶侃举兵反对王敦的事情传到了建康城中，司马睿君臣兴奋不已，当即把在广州待了十年的陶侃调回江南，让他任江州刺史，即王凝之现在的工作。

王凝之并不在乎王敦和陶侃之间的恩怨，他的这位伯祖父已经不配继续待在琅琊王氏的宗祠之中，连王氏扶起来的司马氏皇帝都敢把王敦开棺戮尸，可见王敦已经天怒人怨到何种地步。然而，无论犯下多少错误，王敦依旧是王氏一族的人，因此在这个大标题下，陶侃当年的举动就有些令人疑惑了。

在陶渊明的记忆里，他的曾祖父和其他有志之士一同剿灭了犯上作乱的王敦，是再造东晋神器的股肱之臣。看皇帝的任命诏书中，身为征南大将军、开府仪同三司的陶侃并没有多少令人置疑的地方；但在王氏族人眼里，陶侃只是为了自己的仕途，既没有士大夫的气节驱动，更不是真心为了天下黎民，从始至终，这个寒门子弟只是为了出人头地。

陶渊明认为这是赤裸裸的羞辱，寒门子弟的气节，不是这位生下来就有资格担任江州刺史的王氏门人能够懂得的。看着满脸愠怒的陶渊明，王凝之无奈地苦笑了一番：他对险些导致琅琊王氏族灭的王敦没有好感，推测陶侃的心思也不过是娱乐活动罢了，只是没有想到陶渊明会如此较真。因此，王凝之转念一想，觉得喜欢较真的陶渊明实在不适合待在江州刺史府中从事具体的公务——那意味着当刺史的王凝之每天都会很烦。

于是，王凝之将一份祭酒的工作摆到了陶渊明面前。

不堪吏职，辞官归乡

少年罕人事，游好在六经。
行行向不惑，淹留遂无成。
竟抱固穷节，饥寒饱所更。
敝庐交悲风，荒草没前庭。
披褐守长夜，晨鸡不肯鸣。
孟公不在兹，终以翳吾情。

——《饮酒》其十六

在陶渊明心中，真正的隐士当属伯夷、叔齐那种宁死都不肯食用新朝粟米的人：他们因殷商灭亡而躲入首阳山，采薇而食，直至饿死。隐士们追寻的不是政治诉求，而是一种独有的隐逸心态，陶渊明无疑对这种心态持赞赏态度。

在这首《饮酒》诗中，陶渊明自述“少年罕人事，游好在六经”，认为自己从小就与世俗不合，只适合懒读经典。他宁愿抱固穷节，去做一个顶天立地的隐者，在诗书中寻找自身精神上的旷达。

辞去江州祭酒的职务并不像陶渊明所说的那样轻松，至少在“同僚”眼中，他的离职是对不起王凝之的。因为严格来讲，这个江州祭酒并非正式职位，而是前任江州刺史王羲之的独创。

“祭酒”的历史非常悠久，早在战国时期，齐国就在自己的专业智囊机构——稷下学宫中设立了主管诸子百家的祭酒。汉代以后，“祭酒”逐渐成为政府中的正式职务，主管的也多是教育、祭祀、谏议一类的工作。在地方上，“祭酒”一职其实更多是负责地方行政长官的参谋工作，除了江州祭酒。

根据《宋书》（指南朝宋）中的记载，“晋（州）自主簿以下，置人多少各随州，旧无定制”。言外之意就是，地方长官有权按照自己的需求和意志在州府中设立相应的职位。反正无论什么样的官职，最终的薪资和品秩都是由长官负责，朝廷的俸禄只发到地方一级，其余的具体分配则是长官自己的事情。于是，作为王羲之的儿子，王凝之保留了江州祭酒一职，并把它交给了自己曾经“欣赏”的陶渊明。

有观点认为，王凝之崇信道教，经常在府中举行斋醮仪式，所以极其需要一个专门为自己负责祭祀的祭酒。陶渊明自幼尊儒学道，又能写文章，所以最适合不过。这个说法多少过于仓促：以王凝之对道教的狂热，如果陶渊明从来没有明确表示过对道教的尊崇，他又怎么可能允许一个“异教徒”主持斋醮法会？王羲之父子世代信道，陶氏虽然起于道教的繁华之地，但陶渊明本人的思想应该是更接近原始的老庄之学，而非神仙化后的宗教。所以说，这个江州祭酒绝不是个普通职位。

在兵戈不断的东晋末年，江州绝对是个重要的战略基地，这里几乎集结了所有跟治国有关的一切事务。可以想见，庸碌的王凝之在这里当刺史，平时应该是比较累的；加之他本人又喜好道术，庶务能力极其欠缺。当陶渊明来到时，王刺史兴高采烈，便干脆把所有的繁杂工作都抛给了陶渊明，让他做自己的高参。

然而，懒惰的王凝之可能忽视了一个重要的问题：陶渊明究竟是不是那种事业心强到情愿做工作狂的人？

陶渊明心里应该是很看不起王凝之的：堂堂丞相王导的侄孙，不想着匡扶社稷，却整日对着张天师的神像赞拜，全身上下看不到半点江州刺史的官威和气度。这样的人也配做父母官？

陶渊明出仕是为了养活自己的家人，做祭酒是违心之举；可是，当他夹着厚厚的工作材料，走进府中寻找刺史长官准备报告时，却总是看到王凝之披头散发地在道堂中装神弄鬼，发疯一样地吞食着五石散。更何况，王凝之还不怀好意地质疑过陶侃。

于是“不堪吏职”的理由逐渐浮出水面。

最终，陶渊明决定离开江州，放弃得来不易的祭酒之位。但王凝之接到陶渊明的辞呈后，却对大家公布说：陶渊明干不来这个活。

“元亮啊，祭酒的日常的确冗繁了些，你既不愿，那主簿如何？反正俸米是无有差别的。”

“叔平公，我意已决，不日便回陶家园去罢。”

所谓“不堪吏职”，只不过是面子上的几分给予；真正让陶渊明感到不堪的，是王凝之及其身后的众位官员们。陶渊明从来都不是个肯同“精神沦丧者”同流合污的人，他宁可与命运继续较劲，也绝不会低头接受不是自己勾画的命运。

于是，命运决定再次给他致命一击。

第四卷

丧妻再娶，今生有你相伴

陶渊明的家庭是理想与现实的集中营：一方面，由于陶渊明的存在，他的家族以及包括曾祖父陶侃和外祖父孟嘉在内的众多东晋名士，都获得了很高的评价，名留青史；而另一方面，陶渊明的耿直和高洁的品格，让一个本就捉襟见肘的家庭持续地贫困和苦楚。当文人的心态遇到世俗的眼光，陶渊明便是这个世界上最孤独的人；而当这种孤独被现实的魔爪加以延伸、触及到他的妻儿身上时，陶渊明的人生终于有了别样的蜕变。他变得更加淡然和从容，因为他已然尝到了世上最痛苦的经历。

发妻过世，平添心痛

穷居寡人用，时忘四运周。
榈庭多落叶，慨然知已秋。
新葵郁北牖，嘉穟养南畴。
今我不为乐，知有来岁不？
命室携童弱，良日登远游。

——《酬刘柴桑》

陶渊明狂热地想要追寻能为自己的生命带来安定和平静的处所，却始终无法彻底跳出世间的重重困囿。他就像一个精神上的神灵，但身体却始终属于普通人。

《酬刘柴桑》大概是陶渊明于年过半百时写下的，是他专门写给至交好友刘程之两首诗中的其中一首（另一首为《和刘柴桑》）。他在此诗中将回避的精神宣泄得淋漓尽致：他热爱生命的灿烂，对孤寂落寞抱有最原始的恐惧；然而又感慨大千世界，生命飞逝、落叶为泥。在陶渊明看来，这并非结束，秋天的寂寥往往意味着新一轮的繁荣。只要曾经在这个世界上行走过，即使多么短暂，他都能安然接受，所以才会以“今我不为乐，知有来岁不”告诫刘程之，有“趁早”之意。

回到陶家园后，陶渊明农忙时摆弄犁耙、侍候田产，农闲时读书习字、教养子孙。况且母亲日渐年老，起居出行多有不便，陶渊明留在家中，至少可以和妻子一同照顾垂垂老矣的孟氏，让她颐养天年。想到这里，当初“不堪吏职”而愤然辞去后心中怀有的悔恨便也消失得无影无踪了。

陶渊明或许是个很固执的人，正因为处世态度过于极端，他的人生总也甩不开贫贱和厄运；不懂变通的他根本不会想到，田园诗人的命运其实始终在证明一个在今天看来再正常不过的道理：人无法为尚未发生的事情作出保证。

比如，妻子王氏的病逝。

数年前，她和所有新嫁娘一样，带着满面的桃红娇羞，幻想着未来夫婿的仪容，坐上花轿离开了闺房。走进荒芜破败的陶家园后，她靠着对丈夫的爱和古代女子与生俱来的顺从，在茅屋破庐中与他唇齿相依，不离不弃。男人不可做家务，她便大包大揽，小心侍奉婆母和小姑；丈夫不会耕作，她就学着乡里农妇的模样，挽起裙摆下地劳作。诗人的日子愈发困顿，王氏却不舍得责备陶渊明；

即使是家中频繁断米断炊，她也不肯对丈夫说一句怨言。然而，就是这样一位情愿成为丈夫的影子、从未过过一天宽裕生活的女人，在追随了陶渊明不到十年的时间后，便带着对孩子的眷恋和对丈夫的无限遗憾，流着泪闭上了双眼。

不少人推测，王氏很可能死于肺痨之症，而且应该不止是病痛致其亡故，还有可能是长时间营养不良的结果。

年轻的妻子静静躺在残破的床榻上，裹了几床临时拼凑起来的破旧被褥做寿衣。尸身很快就变得冰冷僵硬，如同丈夫此时的内心。

陶渊明或许从来没有想过，自己苦心构筑多年的精神堡垒会以这样一种方式被命运洞穿。作为苦难的承受者，他曾经设想过无数种足以令自己颠沛流离、潦倒终生的方式，却唯独没有这一种，因为它太过残忍，缺乏人性。

陶渊明的人格可以继续伟大下去，可以让自己的诗文以前无古人的姿态永远伫立在千百年来的文坛高峰，可以接着用大无畏的精神对抗黑暗的东晋士族们。可是，即便他能收获再大的成就，也换不来王氏脆弱的生命。在生老病死面前，志比青菊、冲和谦淡，统统都是瘦弱文人的无病呻吟。

二十年后，当已是天命之年的田园诗人陶渊明同家人、朋友出游赏景时，是否还会想起二十年前死在冰冷卧榻的结发妻子？眼前美如童话的秋色，还有一如既往清新恬淡的诗歌，会不会仍是酒精深入大脑后的自然反射，如同冰冷的橱窗前，靠着一根根点燃的火柴麻醉自己的小女孩？

毕竟，生来就与酒精为伍的并不只有我们的诗人，还有诗人的后代。

厚望稚子，庸碌无为

悠悠我祖，爰自陶唐。
邈焉虞宾，历世重光。
御龙勤夏，豕韦翼商。
穆穆司徒，厥族以昌。
纷纷战国，漠漠衰周。
凤隐于林，幽人在丘。
逸虬绕云，奔鲸骇流。
天集有汉，眷予愍侯。

——《命子》节选

《命子》在收录时又叫《训子》，是陶渊明写给儿子的一首四言诗。古人训子颇讲究祖宗规矩，动不动就要孩子跪在祖宗牌位前叩拜请罪，而后请出“家法”，一字一句，字字见血，务必让其刻骨铭心。可是到了陶渊明这里，他对儿子的“教训”竟只剩下一首诗。

陶渊明成家晚，生子也很晚。除了女儿存在与否尚需考证外，陶渊明一生共有五个儿子，分别是陶俨、陶俟、陶份、陶佚、陶佟。古人一向重视多子多福，但在做这首《命子》时，陶渊明的其他几个儿子或未出生，或还是垂髫年月都未曾企及的幼子。而长子陶俨已约七岁，到了开蒙读书的年龄。作为父亲，陶渊明自然要把生活中除饮酒外的全部精力都放在陶俨身上——这既是一位父亲对孩子的爱意，也是对亡妻的怀念。

王氏究竟为陶渊明生过几个儿子至今无有定论，或曰陶俨一子，或曰俨、俟、份、佚四子。然而，可以肯定的是，早在出任江州祭酒之前，陶渊明的长子陶俨就已经降生，并在襁褓中跟着父亲体验了一把辞官归里的生活。

“我诚念哉，呱闻尔泣。”茅屋中婴儿响亮的哭声将隐士的思绪拽了回来，他拼命止住几乎脱口而出的狂笑，手脚并用、飞也似的跑到山间回声最响亮的地方，仿佛要让所有人都知道这个好消息。陶渊明为这个儿子取名“俨”，并准备在他成年后上表字“求思”。所谓“求思”，其实是“孔子思”，即孔子的孙子孔伋。陶氏对长子的莘莘期盼，由此可见一斑。

陶渊明虽痛恨士族门阀，愿一生归隐田园南山耕读，但在对陶俨的教育上，却积极鼓励其出去寻求发展，而非像自己一样做个无人知晓的隐士。陶渊明选择了归隐，但他不反对自己的儿子读书出仕。

陶渊明从王凝之处离开时才不过三十余岁，正是一个人政治生涯中最重要的上升期。他本就是一个青年时代怀揣仕途的人，尽管后来因种种原因受到了冷落，最终选择了“归去”，但却不影响他把少年、青年时的进取心加诸自己的儿子身上。陶俨是陶渊明生命的延续，但他并没有义务去继承陶渊明的衣钵，继续在陶家园里隐居，做一个连酒都喝不起的落魄隐者。

“朝为田舍郎，暮登天子堂”，大抵是古代文人雅士的通病：一心觉得举世皆浊而己独醒，又满心期盼地等待来自上层的征召。他们往往拥有过分崇高的信仰，对个人底线的坚持几乎达到病态的地步；心底却始终希望有朝一日可以登跃龙门，成为天子近臣、国之柱石。他们陶醉于内心与现实之间的痛苦选择，为自己恪守本心沾沾自喜的同时，悲悯地感慨名士不遇、遗珠深藏的困囿。他们主动选择了清贫的生活，所以可以堂而皇之地看不惯所有世俗的物质，却又能够在追求飞黄腾达的过程中摒弃“阿堵物”带来的欲望陷阱，然后继续在精神世界的最高层独舞。

陶渊明可能没有想到，他曾经满怀期望的儿子陶俨，自始至终在正史上留下的身份，只有寥寥数字的“陶渊明长子”。这个儿子不仅几乎没有继承父亲的任何遗志，甚至连文士基本的舞文弄墨都做不到。最终，陶俨像那个过早开发智力的方仲永一样，淹没在了茫茫人海之中。

陶俨的混沌人生并非个例：李伯禽在父亲李白病死的当涂定居，却从未有人听说过这位诗仙之子有过什么惊世骇俗的名句。直到后来地方官专程寻找李白后人，才知道李伯禽早已病死。他的儿子则云游天下，不知所终。李白的女性后人则更是连诗仙的丁点儿文采都未能继承，最后干脆嫁与当地农户，彻底断送了太白一脉尚未开花便宣告凋零的诗歌世家。

醉生梦死的李白肯定想不到这点，开创隐士先例的陶渊明更不可能预测。

续结翟氏，半生陪伴

昔在黄子廉，弹冠佐名州。

一朝辞吏归，清贫略难俦。

年饥感仁妻，泣涕向我流。

丈夫虽有志，固为儿女忧。

惠孙一晤叹，腆赠竟莫酬。

谁云固穷难，邈哉此前修。

——《咏贫士》其七

陶渊明的诗文虽然风格各异，但大部分都是抒发感慨、歌以明志的文章，作于晚年的七首《咏贫士》更是其中的佼佼者。在这最后一首《咏贫士》中，陶渊明借用了三国前南阳太守黄子廉“一朝之忿”回归乡里的事迹，大肆歌颂这位名士宁愿贫病而死，也不肯接受任何“腆赠”的优质节操；还着重讲述他家中“固为儿女忧”

的辛酸境况，借以烘托黄子廉的无上人格，足见陶渊明对这种近乎极端的名士风范的无限向往。

王氏的死不仅是对陶渊明的严重打击，更令陶家园的生活一落千丈。王氏死后，所有家务的重担都落在了陶渊明年迈的母亲孟氏身上。为了维持生计，耕种水平低下的陶渊明再次做起了教书匠的行当，前往浔阳城中教习生徒，尽量保证能给儿子带回些米汤和面饼。

在所有关于陶渊明的古人记录中，有一个观点达到了惊人的一致：陶渊明从来没有娶过妾室。在三妻四妾习以为常的古代，能做到夫妻相守的男人着实不多。

在经历了数年“家中无主”的困顿生活后，被家务事烦扰到忍无可忍的孟氏终于下定决心，要给陶渊明物色一个新的妻子。她找到陶渊明的叔叔陶夔，为他定下了一门亲事，并于次年春暖花开时正式迎娶过门。

这位新的陶家夫人姓翟，据说是同为南山名士法赐的女儿。嫁入家徒四壁的陶家后，翟氏与孟氏之间的婆媳关系十分融洽，对陶渊明的儿子也视如己出，尽心竭力将其抚养长大。在她的妥善经营下，曾经因贤妻过世而变得荒乱不堪的陶家园迅速恢复了生机，甚至有了欣欣向荣的迹象。从此，陶渊明只管在外埋头教书讲经，回家后安心读书习字；孩子围坐在后母身边，再也不喧哗吵闹。

有了翟氏的细心劳作和操持，陶渊明终于又可以过上酒足饭饱、挥洒文采的生活。婚后两年，她就为陶渊明生下了儿子。恰逢农田丰收，翟氏又用陶家园的产出酿出了新酒，每顿饭都能满足丈夫对酒精的狂热需求。在她的照顾下，每饮必醉的陶渊明似乎重新找到了醉生梦死寻孔孟的节奏，终日醉卧南山，还学着农者的样子，与妻子采菊东篱，带月荷锄。于是在浩如烟海的文献中，越来越频繁地开始出现翟氏与陶渊明“志趣亦同，能安苦节”的记录。

开始，翟氏或许是真心支持丈夫的归隐，但与出身世家的陶渊明不同，普通人家长大的翟氏更明白一日三餐对这个家庭有多么重要。而当她发现自己曾经崇拜无比的丈夫陶渊明不但是个不懂务农的文弱书生，而且连持家度日都不懂的时候，原本的无条件支持很快就被失望和愤怒代替：眼前真实的生存环境是“不好好种地我们都会饿死”，而不是丈夫口中“即便饿死也绝不会出仕为官”。

毫无疑问，陶渊明是魏晋以来最伟大的诗人之一。田园诗人心中永驻的，只有郁郁葱葱的南山草木，还有胸中似乎永远都抒发不完的郁结。眼中长存的，除了酒就是酒，甚至连儿子们也无法在他脑中得到一席之地。他是如此地天真，如此地单纯，如此地没有现实感。

渐渐地，翟氏明白了，她的丈夫只是个活在自己世界里的人。作为妻子，或许是受困于封建家学的约束，翟氏改变了自己的看法，在追求不合天时的梦想过程中，总有一个人要付出代价。

翟氏用自己的改变，造就了名扬史书的陶渊明。

第五卷

再度出仕，桓玄记室参军

新妻翟氏的到来，令整个陶家园都焕发出了别样的光芒。在翟氏的细心照顾下，陶渊明不需要再为生计犯愁，终于过上了如愿以偿的田园生活。不久，在京城做太常卿的叔父陶夔来信劝他出去做官。这几年叔父一直写信催陶渊明到京城去，并承诺在朝廷里帮他谋个一官半职。做京官就等于进入到政治斗争的漩涡中心，说错一句话都可能掉脑袋。陶渊明始终以老母年事已高、儿子多且尚小推辞，不肯前往。陶夔是不改其乐，陶渊明却不堪其忧，早就下决心一辈子不去朝廷做官，但看过陶夔的这封信，陶渊明动心了。信上说，桓玄已经做了江州刺史，他推荐陶渊明去投奔桓玄。

世道崩坏，觞纵遥情

行行循归路，计日望旧居。
一欣侍温颜，再喜见友于。
鼓棹路崎曲，指景限西隅。
江山岂不险，归子念前涂。
凯风负我心，戢枻守穷湖。
高莽眇无界，夏木独森疏。
谁言客舟远，近瞻百里馀。
延目识南岭，空叹将焉如！

——《庚子岁五月中从都还阻风于规林二首》其一

“规林”这个地方，大概是在现今安徽宿松的长江沿岸；“庚子岁”则是指东晋安帝隆安四年（公元400年）。这一年陶渊明约三十五岁，奉命前往京城建康，返途中路过今天的江西。见机会难得，陶渊明便想先回家探望一下母亲妻儿，结果反被狂风阻隔。

“行行循归路，计日望旧居”，陶家园的茅草在眼前时隐时现，母亲和妻子温暖的笑容久久无法忘却。可是，不肯成人之美的上天终究还是把陶渊明阻挡在了江心处，害得他只能坐在船栈中，无奈地望向一江之隔的家园。

夜深了，独自和衣而睡的陶渊明辗转反侧，企图用困意化解徒劳无功的思念。可是，隐居浔阳柴桑多年的田园诗人，为什么要无缘无故地前往建康呢？他是有什么公事要做吗？或者，他又当官了？

是的，尽管新来的妻子让自己如愿过上了隐士的清贫生活，但在柴桑蛰伏已久的陶渊明还是义无反顾地出仕了。这要从皇帝驾崩说起。

在司马道子和王国宝的胡作非为之下，东晋王朝终于坍塌了。只不过这场坍塌，是以一场黑色幽默成分强烈的宫闱巨变开场的。

作为权力最顶端的人，皇帝司马曜不可能对司马道子的行为熟视无睹，何况眼前的麻烦还不止他一人。这位原本远离政坛的宗室似乎是天生的拆台高手，权力的味道只从鼻翼前飘过了几簇，他就紧紧抓住，而后毫无顾忌地兴风作浪。

就在权力斗争酷烈残忍之时，孝武帝司马曜突然死了。

太元二十一年（公元392年）九月，司马曜在深宫里同最受宠幸的张贵人饮酒作乐，一喝就是大半宿。张贵人一介弱质女流，对酒精的抵抗能力本来就弱，又禁不住皇帝的劝进，强忍无果后想要谢罪离席。司马曜却早已被酒精糊住了脑浆，见美人不愿陪自己喝酒，便撒着酒疯骂道："你当年能被我封为贵人，不过是有张貌美如花的脸蛋。现在你人老色衰，却连个皇子、皇女也不曾生过。如此白白占着一个贵人的妃位，竟还要恃宠称骄！信不信我明日便废了你，另选一个新人入宫？"

司马曜说完这番话后就自顾自地沉沉睡去，而挨了骂的张贵人却紧张到了极点。皇帝把她的事情当成玩笑话讲，对她自己而言却是晴天霹雳。张贵人承宠多年，自然知道皇帝的贪色本质。皇帝现在是喝多了敢这么说，可如果有朝一日，等她彻底老去，又没有子女为靠山，皇帝把她打入冷宫、白绫赐死，难道就真的不可能吗？

于是，这个皇帝的玩物终于向主子露出了獠牙。

趁着司马曜熟睡的机会，张贵人召来亲信宫女，在皇帝身上压了十几床厚被子，司马曜被压得缓不过气来，却还没有死。张贵人一不做二不休，又叫宫女搬来大石头将皇帝砸晕，然后将整块石板压在他身上，终于将睡梦中的皇帝活活捂死，死时不过三十五岁。

由于司马曜死得太过突然，死前又未曾留下任何遗诏之类的命令，待他的儿子晋安帝司马德宗即位后，掌控大权的司马道子顺理成章做了辅政大臣，成为东晋王朝的掌舵人。由于晋安帝没有能力治国，司马道子就越发地无所顾忌：他不断拔擢追随、阿谀自己的人，让他们为自己的专权出谋划策，还以这些人为鹰犬，大肆掠夺财富。

此时，远在陶家园的陶渊明对宫禁中发生的诡异还毫不知情。但当皇帝驾崩的噩耗传来，他还是就着礼节哭了一番，但他很久都没有想通：为什么身体康健的司马曜会死得如此突然？而遥远的建康城中又发生了多少惊天动地的改变？

与此同时，他心中有一个声音也在小心地叫嚷：该出去看看了。

复起之时，义投桓玄

自古叹行役，我今始知之！

山川一何旷，巽坎难与期。

崩浪聒天响，长风无息时。

久游恋所生，如何淹在兹。

静念园林好，人间良可辞。

当年讵有几，纵心复何疑！

——《庚子岁五月中从都还阻风于规林二首》其二

晋安帝隆安元年（公元 397 年），司马道子朋党继续在朝廷中一手遮天；新继任的皇帝司马德宗虽然已年满十五，却是个连寒暑冷热、温饱饥饿都不懂得的白痴皇帝。有主如此，做权臣的司马道子当然十分开心，反正现在朝中的大小事务本来就是靠他决断，现在倒连请皇帝盖玉玺的工夫都省去了，于是他行事主政更加骄纵，连同他那年仅十六的儿子司马元显也开始积极谋划，准备接任父亲的权臣之位。

但要想夺权，就要有军队，当时的军队都在地方，在那些雄霸一方的刺史手中。

青兖刺史王恭就对司马氏父子的专权行为十分恼怒，时刻都想杀之而后快。这个想法在孝武帝司马曜驾崩、安帝司马德宗登基后变得愈加炽烈。终于在这一年的七月，王恭联合荆州刺史殷仲堪，以诛除王国宝的名义大举起兵，准备趁势讨伐司马氏父子。

大难当头，司马道子毫无抵抗能力，吓得团团乱转，专程派人前往王恭营中道歉，极尽卑躬屈膝之能事。他对王恭的示弱起了作用，不久王恭就撤了反兵，回到京口驻扎，司马道子的首次危机就此渡过。

这件事后，司马道子对外地刺史的军权十分忌惮，于是将自己的族中心腹安排到地方，引以为外援。这一举动自然招来那些在地方上摸爬滚打多年的官员的不满——他们有人终生都没去过建康，如今却将要看着建康人的脸色行事，不悦之情溢于言表。隆安二年（公元 398 年），因不满司马道子任命司马王愉接任江州刺史职务并占据己方地盘，豫州刺史庾楷上表无果后找到一年前刚讨伐过建康的王恭，极力劝诱他再次讨伐司马氏。王恭同意了，决定七月再次出兵建康，而他得再为自己寻找个帮手。

这个帮手就是江州刺史桓玄，他就是陶渊明后来找到的“明主”。

桓玄是桓温最喜爱的儿子之一。公元373年桓温死后，桓玄的叔叔桓冲继承了他的扬州刺史职务和军队，五岁的桓玄则袭封南郡公爵位。桓玄长相英武，为人豪迈爽朗，还善写书画文章，博学多才，很得当时荆江地区文人名士的看重。有这些人的追捧，桓玄自己也颇负大志，认为其注定要作出一些豪杰雄主的事迹来。只是由于桓温晚年对篡位情有独钟，所以东晋朝堂对桓氏十分防备，直到太元十六年（公元391年），二十出头的桓玄才被召往建康，成为太子司马德宗的侍从。

后来，不堪忍受猜忌的桓玄离开建康，前往荆州的治所江陵居住。这里是桓氏的传统势力范围，桓玄叔侄、父子在此横行多年，当地百姓们对他们又敬又怕。时任荆州刺史的殷仲堪注意到桓玄的影响力，因此对他多有笼络；桓玄则有心借助殷仲堪的军力为自己的政治抱负做后盾，两个人就此结为同盟。

王恭第一次兴兵后，司马道子发现了盘踞在荆州的桓玄。本着既无近忧则必有远虑的担心，司马道子将桓玄派往江州做刺史——陶侃遭受王敦排挤时担任过的职位。桓玄从容地接受了这个不公的任命，却并未前往江州履职。恰逢王恭第二次举兵，桓玄便同殷仲堪追随王恭讨伐司马氏，并在石头城大败朝廷军队。

身在浔阳柴桑的陶渊明，把目光转向了这个不到三十岁就威名传遍天下的桓温之子。

然而到了九月，事态却出现了极具戏剧性的转变。司马元显令庐江太守高素前往勾连刘牢之，将王恭的青兖二州做筹码，终于引得刘牢之叛变，直接导致王恭兵败后被朝廷擒杀，王恭的讨伐大业就此功亏一篑。而桓玄、殷仲堪等人仍在建康上游的浔阳驻兵，并推举桓玄为盟主，准备继续讨伐司马氏，直到殷仲堪接受朝廷抚慰后才宣告平息。

与此同时，被军阀混战折磨得无以复加的东晋百姓也已忍无可忍，准备向骑在自己头上作威作福的贵人们讨债。

隆安三年（公元399年），“五斗米道”道士孙恩宣布起义，带领义军进攻上虞，进而攻打会稽。值得一提的是，在这场作乱中，孙恩的义军斩杀了坐地画符请“鬼兵”的会稽内史、陶渊明的老上司王凝之。捷报传来后，周边郡县立刻响应孙恩，瞬间拥起数十万兵马，准备继续攻打都城建康，图谋改朝换代。

到了这个时候，就算陶渊明想继续待在陶家园做隐士，怕也做不成了——孙恩据守会稽时，为了立威而大肆诛杀异己，甚至连妇女婴孩都不放过。孙恩攻陷会稽后不久，已经成为江州刺史的桓玄宣布，将带兵镇压孙恩乱贼。

投桓玄去！

陶渊明走出了浔阳柴桑，再次前往江州。这一次等待他的，不是莫名其妙的祭酒，也不是庶务繁杂的主簿，而是桓玄的记室参军。在这个自古以来就充满政治暗示的地方，陶渊明将真正展开一次为即将熄灭的政治理想而奋斗的人生。

赴任前，陶渊明一定是看得起桓玄的：初到江州刺史任上，桓玄就利用清谈和文采在当地建立了不小的雅名，甚至还结交了庐山的高僧慧远——此人与陶渊明亦师亦友，关系非比寻常。陶渊明第二次出仕时的介绍人始终不闻其名，这个慧远也一直是“嫌疑人”之一。

“敬道公，听闻公要讨伐孙贼?”

“玄正有此意，大师有何见教?”

“尘外之人，不敢论方内之事。只是敬道公若心怀黎民，有戡乱之志，贫僧处倒有个不大不小的助力。”

“哦?”桓玄一下就来了兴趣，“是何方高人？可有过出身?”

“故大司马、长沙陶桓公曾孙，故丞相、令尊宣武公参军孟万年外孙，前江州祭酒——五柳先生陶渊明!”

政治虞诈，归家耕田

闲居三十载，遂与尘事冥。诗书敦宿好，林园无世情。如何舍此去，遥遥至西荆！叩枻新秋月，临流别友生。凉风起将夕，夜景湛虚明。昭昭天宇阔，皛皛川上平。怀役不遑寐，中宵尚孤征。商歌非吾事，依依在耦耕。投冠旋旧墟，不为好爵萦。养真衡茅下，庶以善自名。

——《辛丑岁七月赴假还江陵夜行涂口》

晋安帝隆安五年（公元401年），陶渊明休假结束，赶回主公桓玄的治所荆州时，在涂口（今湖北）写了这首行旅诗。

诗文的开头六句，陶渊明仍在回忆自己出仕桓玄幕府前的过往，详细描写过去的生活和心情，并同当前的状况形成了鲜明对比。他说“闲居三十载”，似乎已然把出任江州祭酒的事情隐去了。

过去三十年没有出仕的生活，将陶渊明的精神力量锻炼得无比强大，田园和诗书更使他拥有了超出寻常人的眼界和见识。然而，一旦碰到应酬、交结这类政坛琐事，以谦和冲淡著称的陶渊明就会变得异常烦躁。在他眼中，那些虚伪和欺诈是他天生就已经隔绝的俗务，一旦沾染就会像病毒似的侵蚀自己，让他苦不堪言。于是在后面的诗文中，陶渊明不断提及田园生活的乐趣也就显得理所当然，甚至对当初自己踌躇满志的二次出仕顿生悔意："如何舍此去，遥遥至西荆!"

对于陶渊明的到来，桓玄兴奋了一阵子，但很快也就恢复了平静。客观来说，在安排陶渊明的具体职务时，桓玄还是动了一番脑筋的：这位浔阳名士最长的行政经验不过是个把月都不到的江州祭酒，如果冒然将重要的工作交付于他，能否幸不辱命暂且不论，至少那些追随自己多年的僚佐们是不会高兴的。桓玄可以继续崇拜陶渊明的文采和精神，但作为江州刺史，而且是个有理想的官僚，桓玄必须强迫自己从政治角度考量所有问题。

于是他任命陶渊明为记室参军，做自己的幕僚，主要工作却是和另一个幕僚庞遵一起掌管府中的文书簿记。庞遵字道之，也是浔阳的名士。他住在上京里东南处的南里，因为和陶渊明年龄相仿，而且志趣相投，所以两人闲时多有往来，或者清谈议论、针砭时弊，或者探讨赋诗作文、怡弄丝竹。把两个本来就是好友的人摆到同事的位置上，桓玄的想法也显得足够精明。

开始的时候，陶渊明以为桓玄和那些军阀不一样，觉得他是士族之后，又身负文名，就算在官场上做了些见不得人的勾当，也应当是违心之举。正因为如此，他才愿意走出柴桑，甘心受桓玄驱使。可桓玄一再让陶渊明失望，他杀掉被自己苛待的弘农杨氏兄弟，逼死对自己毕恭毕敬的殷仲堪。陶渊明实在想不明白，究竟是什么样的仇恨可以让不到一年前还是战友的三方人马，仅仅过了几个月就兵戎相见？

辗转数年，心力交瘁的陶渊明已经本能地厌恶起尔虞我诈的艺术。在家中修养的那段时间里，他猛然发现，原来自己孜孜不倦想要追求的生活，其实就是陶家园中的几亩薄田。他天生就应该去做隐者，而不是打着“大济苍生”的旗号出来做官，因为他既不具备这样的能力，也没有足够的胸襟容忍不平。更重要的是，陶渊明无法逼迫自己去做伤害他人的事情。

在陶家园的贫苦岁月中，他其实早就找到了快乐的真谛。然而，天下大乱带来的冲击抹杀了快乐的本质，挑逗着他冲锋陷阵的神经，让这位年近不惑的隐者还以为自己胸中的火焰尚未熄灭。结果他错了，那团火的确仍在炽热地燃烧，不过它指向的不是战场和朝堂，而是平淡无奇的陶家园。

“回去吧，不要当乱臣的小卒了！”

隆安五年（公元 401 年）冬日，陶渊明头也不回地离开了江州，甚至连辞呈都没有写，直接托庞遵替自己捉刀递给桓玄——他不想再和未来的篡位者有任何交集。

面对固执的老友，同样在桓玄府中侍奉了近五年的庞遵多少有些不解：“元亮，你这是何苦？如今世道惨淡，又何必为了几丝猜测与自己过不去？”

“你是说，便是桓公有朝一日入主建康，你也甘愿为他驱驰，鞍前马后不辞辛苦吗？”陶渊明反口问道，瞳仁中尽是不屑的味道。

“桓公乃当世英杰，这等身败名裂的祸事，怕是不愿做的罢……”庞遵的声音越发小了。

陶渊明看他不愿直面自己的质问，叹了口气道：“道之，你若不安，我不会逼你。你有经天之才，只是桓公……你好自为之罢！”说罢，便卷起些细软向军府大门走去。

削瘦的身影越走越远，庞遵看着他离去的方向，同样叹了口气，费力地在草纸上给辞呈做稿。过了些时日，他才将写就了满篇歉意的辞呈递到桓玄案前。

桓玄看过陶渊明的“辞呈”后倒不以为意，只道自己平日里事务太多，可能忽视了幕府的众位英才们，便当着庞遵的面自省了一番，然后继续在地方招兵买马，准备下一步的行动。

此时，陶渊明正带着翟氏和长子陶俨，在陶家园的薄田里耕作劳动。

“你当你的篡位皇帝，我种我的地。”

第六卷

屡仕屡辞，心系山泽之居

自幼深受儒家和道家思想影响的陶渊明，逐渐成长为这个世界中的异类。连年不休的战乱，给变质的社会环境带来了崇尚虚无的玄学，代表精神世界的士大夫阶层不再如百年前般恪守气节，他们的心灵如婴儿肌肤般柔软，野心却依旧深不见底，最终蜕变为浓缩魏晋身影的怪胎，这也是陶渊明多次出仕又辞官的原因。母亲去世，陶渊明居丧在家，度过了三年理所当然的田园生活。或许这三年是陶渊明一生中最为享受的时光，虽然清贫，但却快乐。可是，随着天下大乱，陶渊明又一次奔向了政坛，这个让他欲罢不能的地方……

为母守孝，止酒止忧

居止次城邑，逍遥自闲止。
坐止高荫下，步止荜门里。
好味止园葵，大欢止稚子。
平生不止酒，止酒情无喜。
暮止不安寝，晨止不能起。
日日欲止之，营卫止不理。
徒知止不乐，未知止利己。
始觉止为善，今朝真止矣。
从此一止去，将止扶桑涘。
清颜止宿容，奚止千万祀。

——《止酒》

公元 402 年的秋天，辞官归来的陶渊明正在陶家园为母亲守孝。无所事事之下，他只好每天喝酒消磨时间。有一天，他突然从醉梦中醒来，看到满园金黄耀眼的向日葵，十分感叹，于是提笔写下了这首《止酒》。为了自己的身体，陶渊明决定戒酒。但在写完这首诗后，他却依旧没有彻底把酒“止”住，而是一切照旧，以酒解忧。

以酒为名的诗篇是陶渊明诗文中的精髓，组诗《饮酒》、《述酒》都是陶诗中不可多得的名篇。二十首《饮酒》诗是他借酒消愁、抒怀其志的组合，《述酒》诗中则包含了少见的政治隐晦。但是，真正全面表现陶渊明个人性格、让他在后世的今天看上去更加鲜活饱满的，却是这首名为《止酒》的随笔。

隐居的生活并没有因为陶渊明曾做过桓玄的僚佐而有所改善，一家老小的天伦之乐恐怕是清贫的陶家园中难得一见的乐趣。然而，或许是随着儿子们日渐长大，陶渊明也开始认真考虑戒酒的事情了。

北宋绍圣四年（1097 年），因为政见问题触怒了宋哲宗的文豪苏东坡被皇帝贬到偏远的海南，而他的弟弟苏辙则被贬往雷州。贬官路上，兄弟二人相约同行。苏东坡当时有旧疾，一路借酒抵御痛处；苏辙也由于仕途的失败而睡不好觉。他见苏东坡不理病痛终日饮酒，便借陶渊明的《止酒》劝兄长戒酒。苏东坡当时感触颇深，便在苏辙书写的《止酒》诗上加题道：“从今东坡室，不立杜康祠。”

到达海南赴任后，苏东坡做的第一件事就是找来大理天门冬，自己在官署里酿酒。有时等不及出新酒，他便一边酿，一边就着酒桶边沿刮酒喝。可见，如果嗜酒的人说要戒酒，那他一定是意气之言，尤其当他是个诗人的时候。

陶渊明的酒瘾最终并没有戒掉，正如他对母亲的思念那般，不止深入骨髓，还令诗人的悲痛难以平复。

陶渊明穿着缟素麻衣坐在陶家园简陋的庭院中，手里拎着个粗糙的酒壶。母亲的离去令全家人都陷入难以名状的悲痛之中，也让陶渊明更加依赖酒精的麻醉作用。他开始疯狂地喝酒，不论时辰、时令、天色，便是有一口酒糟在，他也要吸上几次。

母亲过世，陶渊明辞官在家，守孝三年。三年里，不惑之年的陶渊明每日观日赏月，时则提笔作诗，时则闷头大睡，没有官场的蝇营狗苟，只有乡间田园的悠然自得。就是在这种生活下，陶渊明暂时忘却了忧愁，沉浸在酒与诗的乐趣中。

直到一天，一位亲戚来拜访他，已经日上三竿，陶渊明却依旧蒙头大睡，旁边还散落着一些酒水饭菜，亲戚见他这副样子也不忍心叫醒他，便静静地在一旁坐着，等候他醒来。过了大约半个时辰，陶渊明醉眼蒙眬爬起来，突然看见一个人在桌前坐着，倒是也不惊讶，反而拿起酒杯爬到桌前想要再饮一杯，亲戚见状急忙拉住他的手劝他不要再饮，这样有伤身体。但是陶渊明却不为所动，放声笑道：“我以酒解忧，要是没了酒，我的生活就少了一半乐趣，你还是让我接着喝吧！”于是端起酒杯又喝了一口，站起身来摇摇晃晃地出门打算洗漱更衣，亲戚见状也只好无奈地摇摇头转身离开。

亲戚走后，洗漱完毕的陶渊明清醒了过来，他突然觉得自己刚才对亲戚的表现有些无理，于是便坐在门前思考。他知道如果戒酒的话自己就不快乐，但是如果不戒酒自己的身体总有一天会被拖垮，所以他陷入了挣扎。

然而，突然有一天，他从梦中醒来，看到满眼的向日葵，觉得生活的美好其实并非在醉眼蒙眬中才能体会得到，而且如果自己这样喝下去，难免有一天会再也见不到这美好的一幕，所以他痛下决心要戒酒，决定从今天起就一定不喝酒了。

下定戒酒的决心后，陶渊明整理衣物，决定出门散心，再多感受一下生活的美好。他路过田边，欣赏花鸟，登山远眺，城外阳光温暖、微风习习，此时的他心满意足，见到来往的路人都微笑问好，只觉心中温暖，岁月静好。

但是回到家中之后，夕阳下山，天地一片昏暗，不见了葵花，不见了远山，连往日的繁星和皓月都被遮盖了起来。刚吃过晚饭的陶渊明不知道该做些什么来打发时间，想要就寝，却辗转反侧难以入眠；想要做诗，却心情抑郁毫无灵感。在这种情况下，他连出去走一走的想法都已经消失。烦闷之下，陶渊明又想起如今动荡的局势和黑暗的朝廷，想起自己为官时的那些沮丧和失败，想起丧母时的悲痛与难过，想起自己的理想破灭时的绝望和不甘，此时的他看到桌上的酒杯，索性拿起一饮而尽。那么，既然都已经喝了第一杯，就继续喝下去吧！生活已然尽兴，何必畏首畏尾，此刻的陶渊明要给自己最大的自由。

无悔无怨，回乡归田

在昔闻南亩，当年竟未践。
屡空既有人，春兴岂自免？
夙晨装吾驾，启涂情已缅。
鸟弄欢新节，泠风送馀善。
寒竹被荒蹊，地为罕人远。
是以植杖翁，悠然不复返。
即理愧通识，所保讵乃浅？

——《癸卯岁始春怀古田舍二首》其一

陶渊明在家中饮酒度日的日子里，朝廷平息了孙恩等人的叛乱，而后决定把意图篡位的桓玄也一并解决。于是，当时的权臣司马元显就派刘牢之做先锋去讨伐桓玄。

然而，刘牢之却并非忠心耿耿之徒，他害怕自己铲除桓玄之后落得一个“狡兔死，走狗烹”的下场，而且也想借助桓玄的力量颠覆朝廷，好让时局混乱，自己能浑水摸鱼。于是，他名义上答应了朝廷，私底下却勾结桓玄，临阵倒戈。而桓玄也得以顺利东下，挥师进入建康城，先后斩杀了司马元显与司马道子，自任太尉，把持朝政，加紧了篡权的步伐。

当这些消息传到陶渊明的耳中时，他虽然有些震惊，但是并没有表现出太多的关心。他眼前最重要的事只有一件，那就是服丧种田。春天到了，陶渊明要出去劳作，这样才能使他摆脱饥饿的生活，《怀古田舍》就是在这样的环境下写出的。

早春的田间，周围是静谧的树林，柔软的微风轻轻吹过，陶渊明坐在田舍中间，在清澈的天空下独自写诗。日子一天天地过去，朝廷的动荡与陶渊明悠闲的生活形成鲜明的对比。

一日，正当他忙完农事后在田间休息时，一位当年一起读书的朋友面带匆忙地赶来，见到陶渊明正悠闲地看书，便气喘吁吁道：“渊明，你还有心思读书？出大事啦。”

陶渊明把书放下后问了一句：“出什么事了，让你如此匆忙？”

朋友歇了一会儿说：“我听人说，桓玄把司马道子父子杀光了之后没两日就要对付刘牢之，他把刘牢之升为征东将军，明面上是给他升官，但是实际上谁都看得出来是要夺他的兵权。这下子刘牢之可傻了，于是又和刘裕商量着去进攻桓玄，但是刘裕多聪明，根本不理会刘牢之，还带着自己的手下一块回京口了。”

陶渊明听到这儿冷哼了一声说：“刘牢之小人善变，奸诈狡猾不得人心，刘裕如此行径并不意外，这刘牢之反过一次，恐怕跟着他再反的没有几人了。”

朋友答道：“你说得没错，后来刘牢之又召集将佐，大言不惭地说要割据长江北岸，然后再讨伐反贼桓玄，但是他手下的将士却一致反对。一来是因为将士们的家属多在京口，而京口又是桓玄的势力范围，要是此时跟桓玄交战，这些将士的家属难免会惨遭屠戮。二来，刘牢之朝秦暮楚，大家都认为他不会有什么好结果，所以这些将佐也一哄而散，刘牢之算是彻底失势了。”

“然后呢？刘牢之是如何打算的？”陶渊明问道。

朋友叹息了一下继续说道：“他还能如何打算，赶忙派自己的儿子刘敬宣去京口接自己的家属。但是他儿子一去就是三天，刘牢之迟迟不见儿子回来，以为离开的将佐向桓玄告密，儿子和家人已经被杀。眼见亲人归来无望，手下的将士又四散而逃，刘牢之觉得无脸见人，就在长江边的丛林里自缢了。”

“那刘敬宣真的死了吗？”陶渊明又问。

“要是死了也罢了，其实刘敬宣根本没死，他是碰上了风暴，所以晚回来了一些。但是等他上岸之后，发现刘牢之早已咽气，便顾不得披麻戴孝就领着亲友一起逃回了洛阳，后来还用子弟做人质，威胁后秦姚兴派兵攻打桓玄为他父亲报仇。但是姚兴只是让他们自己招募了几千兵马，在彭城一带活动，对桓玄毫无威胁。而且桓玄在得到消息后根本没把他放在心上，还让人把刘牢之的棺材劈开，把头颅割下放在建康城上示众。这个刘牢之最后就落得了这么一个下场，亏他之前还那般风光。”朋友叹道。

“庙堂算计，战场厮杀，谁又敢说自己能够风光一世？成者王侯败者寇，刘牢之既然败了，落得这个下场没人会为他不值。只是刘牢之一死，整个东晋几乎就已经没有人可以阻拦桓玄了，这桓玄恐怕会图谋篡位啊。”

陶渊明望着长江的方向，想象着当时的情形，打心底开始庆幸自己离开了桓玄归隐回乡，否则岂不是会跟他一同成了那不忠不义的乱臣贼子，这是他难以接受的。想到这儿，陶渊明拜别了朋友，拿起锄头走向自己的田地，但是他的心情却并没有他的脚步那么轻松……

老友来访，共叙友情

先师有遗训，忧道不忧贫。
瞻望邈难逮，转欲志长勤。
秉耒欢时务，解颜劝农人。
平畴交远风，良苗亦怀新。
虽未量岁功，即事多所欣。
耕种有时息，行者无问津。
日入相与归，壶浆劳近邻。
长吟掩柴门，聊为陇亩民。

——《癸卯岁始春怀古田舍二首》其二

陶渊明一直将孔子视作自己的先师，但是相较于“忧道不忧贫”，陶渊明更喜欢现在这种自由自在的生活。几次出仕，官场的黑暗让陶渊明心灰意冷，甚至心生叛逆，这才写下了“长吟掩柴门，聊为陇亩民”的诗句，发誓永不为官。然而，事与愿违，既然进过官场，想要彻底洗清，难之又难。曾经的同僚、过往的属下、交恶过的将领，一切的一切都将陶渊明和这个摇摇欲坠的朝廷联系起来。

一天，陶渊明正在家写书，曾经的同僚柴桑县令刘程之突然造访。陶渊明连忙起身迎接，但是当他看到刘程之身着素服，就猜到他跟自己一样，也已经辞去了县令的职务。

刘程之，字仲思，是一位才华横溢的士子，在荆州一带颇有清誉。他曾经是殷仲堪的上宾，而桓玄也是个喜欢才子的人，所以在入主荆州之后就经常请刘程之前来做客，两人谈天说地，每次都要聊个十天半个月，而陶渊明和刘程之就是在桓玄的府中相识的。

虽然刘程之对桓玄的文采也较为欣赏，但是他早早便觉得桓玄这个人胸怀野心，所以尽管桓玄多次邀请他到自己的府中供职，他都谢绝了。直到后来，刘程之因为听说了慧远大师的事迹，很想拜他为师，就向桓玄提出，想到慧远所在的柴桑县当县令，也好积攒一些佛学知识。桓玄早年间跟慧远打过一些交道，所以就同意了。

慧远，俗姓贾，是一名官宦子弟，早年间生活无忧，少年时期便博览群书，到及冠之后开始周游各地，一年后偶遇名僧道安，被其佛法折服，选择剃度出家。出家之后，慧远潜心钻研佛经，并且结合自己所了解的一些儒家、道家和佛教知识，很快便继承了道安的衣钵，成为一代名僧。

晋太元十一年（公元386年），慧远来到庐山东林寺定居开始弘扬佛法。由于他精通儒家、道家的典籍，能够以儒道释佛，因此和当时很多的清谈名士都有着密切的来往。随着声誉越来越大，连当时的荆州刺史殷仲堪都专程到庐山探望他，与他终日倾谈；而后来的江州刺史桓玄原本是想找慧远的麻烦，最后却被他所折服。

在司马元显父子被杀之前，佛教在东晋地区广为传播，而桓玄当权后，便偏偏要和他们对着干，竭尽全力打压佛教的发展。最初，他令慧远下山，但是慧远对他并不理睬，于是他就专程跑上山找慧远的麻烦。初次见面，桓玄就用《孝经》中的“身体发肤，受之始也，不敢毁伤，孝之始也”这一古训来质问慧远为什么佛教僧人要剃头，而慧远却丝毫不慌张，同样用《孝经》中的“立身行道，扬名于后世，孝之终也”来反驳他，当时便让桓玄哑口无言。在交谈了一番后，桓玄更是对慧远佩服得五体投地，日后两人始终保持着书信往来。而他之所以答应刘程之去柴桑县当县令，也是出于这个原因。

但是随着桓玄的野心逐渐增大，刘程之也渐渐对他产生恶感，于是下定决心挂印辞官，带着自己一年的俸禄前去投奔慧远。因为陶渊明的老家正好在柴桑县，所以刘程之顺路来拜访他。两人原本在桓玄府中就有交情，再加上现在双方都已经辞官还乡，更是对对方产生一股钦佩之情，生出一股惺惺相惜的感觉。两人喝酒饮茶，昼夜倾谈，直到第二天中午，刘程之才起身告辞。临走之前，他对陶渊明说了最后一番话：“此番离去，不知何时才能再见元亮。你我志气相投，原本可以携手作出一番天地，为百姓谋福，为天下谋福。可如今朝廷动荡，奸臣当道，我且鲁钝，辞官便罢，唯独可惜了元亮这一身的才气与抱负。今天听愚兄一语，日后如有机会再次入仕，元亮切不可再次推辞，无论在何人手下，只要能为百姓谋福，也是一大幸事。”

陶渊明听完这番话苦笑一声道：“连年战乱，我等自保尚且困难，还何谓入仕？仲思兄此番好意元亮记在心中，还请仲思兄一路慢行，平安抵达东林寺。”

刘程之见状无奈地叹了口气，转身离开陶渊明的住所。而此时，陶渊明并不知道，桓玄称帝的事情再有几月便会昭告天下，到那时，他的田间生活就要告一段落了。

桓玄篡位，悲悯黎民

寝迹衡门下，邈与世相绝。
顾盼莫谁知，荆扉昼常闭。
凄凄岁暮风，翳翳经日雪。
倾耳无希声，在目皓已洁。
劲气侵襟袖，箪瓢谢屡设。
萧索空宇中，了无一可悦！
历览千载书，时时见遗烈。
高操非所攀，谬得固穷节。
平津苟不由，栖迟讵为拙！
寄意一言外，兹契谁能别？

——《癸卯岁十二月中作与从弟敬远》

公元 403 年，桓玄的野心开始逐渐膨胀：自封楚王，辖地十郡，积极地为自己谋权篡位做打算。随后不久，东晋安帝被迫交出玉玺，让位于桓玄。当年冬天，桓玄立国为楚，改元永始，把东晋安帝贬为平固王，赶出国都，软禁于浔阳。

陶渊明得知这个消息后心灰意冷，甚至有些不敢置信。陶渊明做了桓玄三年的记室参军，与他朝夕相处的日子并不算短，自认为对他还是有些了解的，但却依旧没有想到，桓玄竟然就这么急着篡位了。

“桓玄昏头了”，陶渊明默默念着这句话，那年冬天，天降大雪。在整个新年里，陶渊明始终一人呆呆地坐在桌前想事情。桓玄的皇帝肯定是坐不安稳的，想当年他的父亲桓温平巴蜀、伐中原、权柄滔天，战功赫赫，比他现在的实力几乎高出一倍，同样可以轻易称帝。但是桓温不敢，因为他明白，一旦称帝，就会成为全天下人的靶子，到时候，会有无数的势力打着“讨贼”的旗号来讨伐自己，一次失误就有可能会跌入万劫不复的境地，所以桓温一辈子也没敢坐上那个天下人都梦寐以求的位置。可如今，他的儿子桓玄在尚未达到他的高度时就已经称帝，不得不说，如果桓温是一代枭雄，那桓玄只能算是跳梁小丑。

想到这，陶渊明完全可以预见，桓玄的帝位很快就会被人们推翻，他并不为桓玄感到悲哀。令他担忧的是，一场可以预见的政治动乱与战场厮杀即将展开，天下的黎民百姓不知道又有多少要流离失所，家破人亡。

过了几天，陶渊明得知东晋安帝司马德宗被软禁在浔阳。他并不打算去见一面，因为浔阳很多官员都认识他，而且他又做过桓玄的记室，生怕再和桓玄拉上关系，也害怕别人看出他依然忠于旧帝，给自己和家人招来麻烦，更何况见一位被废黜的皇帝又有何用？

陶渊明觉得心情憋闷，有些话不吐不快，于是挥笔写下了《癸卯岁十二月中作与从弟敬远》这首诗。而陶渊明也是在这首诗中向自己的从弟打开心扉，毕竟他也需要别人的安慰。

“寝迹衡门下，邈与世相绝。顾盼莫谁知，荆扉昼常闭。”“弟弟，我真是后悔当初在桓玄手下做事，现如今就算我如何解释，也撇不清与他的关系了。这世界上没有人能够理解，我是多么地痛恨这些乱臣贼子。现在，我白天都把柴门关着，真想就这样避开尘世间的烦扰，静静地看书写字。敬远弟弟啊，这些心事我现在也只能与你诉说了。”

“凄凄岁暮风，翳翳经日雪。倾耳无希声，在目皓已洁。”年底的寒风吹得如此凄凉，飞舞的雪花漫天蔽日。我在屋里倾听，却听不到任何声音。举目四望，天地一片白茫，我真希望能有一场大雪将我在桓玄手下当过记室参军的事掩盖，悄无声息地洗涮掉一切。

“劲气侵襟袖，箪瓢谢屡设。萧索空宇中，了无一可悦！”刺骨的寒风不断钻进我的袖子，一日三餐也毫无保障，可是我忧虑的并非是自己和家人的生活，因为冬天生活困难的不止是我们一家，我担心的是天下的黎民百姓又要遭殃了。面对空荡荡的房子，我丝毫开心不起来。

“历览千载书，时时见遗烈。高操非所攀，谬得固穷节。”千年古籍我读过不少，历史事件我了然于胸，像桓玄这样的人，很快就会遭受灭顶之灾。我们读书的目的就是学习圣贤，即使不能做到古代圣人的高度和情操，也要坚持自己“君子固穷”的气节；就算是饿死家中，我也不会去当那助纣为虐的小人。

“平津苟不由，栖迟讵为拙？寄意一言外，兹契谁能别！”如果我资质鲁钝，不能担当一方官员为黎民造福，那么我只好隐居在田园之中。敬远弟，我的这些胡言乱语，除了你，又有谁能理解呢？

重入参军，投奔刘裕

停云，思亲友也。

罇湛新醪，园列初荣，愿言不从，叹息弥襟。

霭霭停云，濛濛时雨。八表同昏，平路伊阻。

静寄东轩，春醪独抚。良朋悠邈，搔首延伫。

停云霭霭，时雨濛濛。八表同昏，平陆成江。

有酒有酒，闲饮东窗。愿言怀人，舟车靡从。

东园之树，枝条载荣。竞用新好，以怡余情。

人亦有言，日月于征。安得促席，说彼平生。

翩翩飞鸟，息我庭柯。敛翮闲止，好声相和。

岂无他人，念子实多。愿言不获，抱恨如何！

——《停云》

公元404年，陶渊明结束了三年服丧生活。而此时，他还在为桓玄篡位一事与即将开始的战争忧心忡忡，但是浔阳城中的百姓并不惊慌，皇帝姓什么、国家叫什么他们并不关心，正所谓久经乱世处变不惊，只要战争没有蔓延到自己这里，百姓们还是该过年过年，照样张灯结彩、喜气洋洋。

因为要为母亲守孝，陶渊明家并没有庆祝新年。他思念自己的母亲，同时也庆幸自己因为母丧而在桓玄篡位之前离开了他。倘若自己当初随着桓玄回到建康，那么在桓玄篡位时，自己如果挺身而出就会身首异处，而如果沉默不语就会被天下人看作乱臣贼子。他暗暗叹道："母亲是用自己的生命挽救了我的性命和名节啊！"

过了正月初七，浔阳城中刚刚平静了几天，忽然又沸沸扬扬起来。百姓们都在传说，当年刘牢之的手下刘裕在京口举事了，他写了一封讨贼檄文通告天下，要讨伐桓玄。陶渊明没想到，这么快就有人站出来，就在将信将疑的时候，一位好友给他看了刘裕所书的讨贼檄文。看过檄文后，陶渊明这才相信。

接下来的一段日子里，陶渊明不断派自己的从弟陶仲德去打听桓玄的消息，因为他自己不敢抛头露面。在桓玄的部队中，认识他的人不在少数，如果碰上了这些昔日的"同僚"再被强行拉入桓玄的贼船，那他的一世名节就彻底不保了。从仲德打听回来的消息中，陶渊明总算大概知道了一些信息。不久，陶仲德给他带来了一封叔父陶夔托人从建康城带来的书信。

叔父在信上告诉陶渊明，刘裕如今已经入主建康城，杀掉了桓玄的亲属和党羽，但是京师中并没有太大的震荡，他依旧做着太常卿的职务。之前桓玄入城的时候把他封为“楚国”的太常卿，后来刘裕入城后又让晋朝的旧臣全部官复原职，他又做回了晋国的的太常卿，成了官场的“不倒翁”。而刘裕初进京城，要收买人心，所以很多老臣都成了这样的“不倒翁”，对于他们来说，这几个月的变化不过是换了国号与主子。对于这些，他们都抱着无所谓的态度，因为他们想要的不过是一份荣华富贵而已。

陶夔还在信上写道，刘裕现在认为桓玄从荆州带去京师的人都是他的死党，所以都已经诛杀殆尽。陶渊明当年做过桓玄的幕僚，虽然没有跟着进城，未能引起人们的注意，但是如果刘裕的大军打进浔阳，一定会去搜捕桓玄的余党，到那时候陶渊明难免会有些危险。陶夔劝告陶渊明，如果刘裕的大军进入浔阳，陶渊明要第一时间去投靠刘裕，表明自己的立场，如此才能保住性命。

没过几日，刘裕已经打到浔阳城下。军队刚刚驻扎下来，就开始大肆搜捕桓玄的余党，见此情况，陶渊明紧张起来。是不是该按照叔父所说的赶快去投奔刘裕的大军呢？或许现在自己已经成为被抓捕对象了，如果现在过去，会不会自投罗网呢？但是要是不去，如果被士兵找上家门，就后悔都来不及了。

犹豫了几天之后，陶渊明受够了这种担惊受怕的生活，于是他决定干脆去刘裕的帐中走一遭。在路上，陶渊明一直惴惴不安，他设想了很多刘裕处罚他的方式，但是令他没想到的是，刘裕见到他后非但没有下令处罚他，而是对他以礼相待，在寒暄一番后请他入座。

陶渊明刚刚坐下，刘裕就单刀直入地说：“陶先生这次前来，一定是对时局有什么看法吧？”

其实，陶渊明这次前来根本没有准备对时局发表什么看法，被刘裕这么一问，他突然也不知道该如何作答，于是只得搪塞一番说：“渊明不过是一介书生，哪能看透什么时局形势？今天前来只是想投奔将军帐下，做一个鞍前马后的小卒，能够为匡扶晋室、讨伐逆贼出一份力便心满意足了。”

听到陶渊明如此回答，刘裕笑道：“先生何必如此自谦？听闻先生曾做过桓玄记室参军，对桓玄的为人一定很了解，不妨赐教一二。”

原来刘裕已经知道自己在桓玄手下做过记室参军，此时陶渊明又紧张起来，只好硬着头皮回答道：“没错，我是做过桓玄的记室参军，但是当时我还不知道桓玄有谋反之心……”

“哈哈，先生完全不必挂怀，一个区区的记室参军而已，我也曾在桓玄手下当过彭城内史，难道我也与他一般有篡逆之心？先生在他谋反之前便辞官回家，早已表明立场，再加上他一个多月前逃回浔阳时先生也不曾露面，这一切不都证明了先生对大晋的忠诚吗？这世界上身不由己的事不知凡几，先生不必自责。”刘裕笑道。

这一番话说到了陶渊明的心坎里，他开始真心想投奔刘裕，于是激动地说：“承蒙将军谅解，如果将军不嫌弃，渊明愿意在将军帐下当一小吏，尽一些绵薄之力。”

刘裕听后赶忙上前握住陶渊明的双手，对他说：“我知道先生饱读诗书，所作的《闲情赋》广传天下，也知道先生曾做过江州的祭酒，虽然在任时间不长，但是却颇得百姓拥护。而且先生深陷桓玄这贼子的军中，却可以出淤泥而不染，足以见先生的过人之处，如果先生瞧得起我刘裕，我想先请先生做一个参军，助我荡平荆州，剿灭桓玄，随后再随我回京师。如果先生不想离开家园，也可以在这里治理江州，造福百姓。

就这样，陶渊明又开始了他的政坛生涯。而这次，他在心中暗暗地感叹：“总算是遇到明主了！”可是，事实又是如何呢……

第七卷

辞彭泽令，鸟倦飞而知还

陶渊明居田园时不堪清贫和寂寞，出仕又苦于奔波和思乡。这种矛盾心理不能简单地归为对拥有的不珍惜，视得不到的为可贵，有时只是一种找不到位置或尚未找到归宿的状态。不到日暮途穷，不会有大彻大悟。陶渊明的心态是偏向于田园的，但倘若不在另一条道上走到头，直至完全厌弃，他是不会决然归去的，归去也不会有找到归宿、找到精神家园后的轻松与欣喜。半生的时光都倾注在朝野上，陶渊明身心都感觉到了疲倦。“我的心在何处？我的身在何处？我为了什么而置身于这片我看到的滚滚浊浪中?”在一片秋色中，他高高挂起了那方大印，高声：“我欲归去！”

为生存计，重返仕途

少无适俗韵，性本爱丘山。
误落尘网中，一去三十年。
羁鸟恋旧林，池鱼思故渊。
开荒南野际，守拙归园田。
方宅十余亩，草屋八九间。
榆柳荫后檐，桃李罗堂前。
暧暧远人村，依依墟里烟。
狗吠深巷中，鸡鸣桑树颠。
户庭无尘杂，虚室有余闲。
久在樊笼里，复得返自然。

——《归园田居（其一）》

公元405年，陶渊明转入建威将军、江州刺史刘敬宣部下任建威参军。同年三月，随着刘敬宣上表辞职，他也一同随着离开政坛。但就在这年秋天，经过叔父陶夔的介绍，陶渊明又来到彭泽出任县令。这是陶渊明余生之中最后一次踏入官场，同时也是他对官道仕途的最后一次憧憬和希望。

此时的陶渊明已过不惑之年，在多次入仕之后，他依旧在疑惑和犹豫当中徘徊，他将这种疑惑与自己又一次走进官途的原因归咎为生活的压力和亲友的劝说。

在人生最后的一段官途上，陶渊明已经不再像最初一样在心中怀抱着无限的激情，想要“大济苍生”。他所惦记的只有公田中出产的数百斤粮食，希望能在顾全家中妻小温饱之余，小小满足一下自己的酒瘾便已然心满意足，不求其他。

然而出任县令之后，陶渊明的内心却无时无刻不处在一种煎熬当中，物质上的富足远远不能填补他精神上的怅然若失。彭泽水网稠密，土地肥沃，非常适合农作物生长。县衙周围是一望无际的农田农舍，陶渊明每日只需要站在县衙门口，就可以看到他心中无比向往的生活景象。而当他回首的时候，身后却是古板枯燥的县衙、仿佛一只张开巨口的猛兽，在黑暗中将他吞噬。

陶渊明就像是一只为了一口精美的饵食而将自己关入紧闭囚笼的鸟儿，一日日地看着外面的世界，一次次地犹豫，一次次地困惑。自己应该挣脱，向着笼外飞翔，还是安于现状，享受着鲜美的食物，将这只囚笼打扮得更加华美？他心中无比地向往着自由的田园生活，但在他美好的向往上却有一把硕大的锁，上面写着“为生存计”，写着“最后的憧憬”，写着“一酬壮志”！

陶渊明开始着手清查彭泽县的户口，只有掌握了具体的人口，官府税收才不会有所减少，那些因为仰仗财势权位所隐藏起来的人口造成的官府亏空才不会转嫁到普通农民身上。在陶渊明的强势之下，十几年不曾清查户口的彭泽县竟查出了数千名隐藏在土豪权贵家中的隐匿人口，得罪一些权贵之后他更是毫不讳忌地宣布减免全县农户的税收。

这就好像是在一座死寂的泥潭中投下了一颗石子，溅起的泥水不知沾到了谁的脚上，刺痛了谁的心；又好像是在一个和谐安静的鸟笼中，突然出现了一只为笼外鸟儿歌唱的异类。

朝廷就是这么一个深不可见的泥淖，更是一座困住了无数忠臣烈士、文人骚客的囚笼。朝野清明时，困在笼中的鸟儿或许能够将这囚笼略微地向前带动几步，即便脚上依旧拴着金色的脚链，仍能向着蔚蓝的天空更加靠近，向笼外的的群鸟展示鲜艳的羽毛。但是对于此时的陶渊明来说，这座外表华美的金丝鸟笼，却真正将他牢牢囚禁，他是一只双眼向往着野性丛林的鸟儿，不会为了几口饵食而将向往自由的双翅束缚。

所以，他说他只会再坚持一年，一年之后，他就要回归自己真正憧憬和向往的生活。不过，一件突发的事件打乱了所有人的计划，一颗困于樊笼中的心很快就会挣脱一切，返归自然。

拒绝行贿，挂印而去

种豆南山下，草盛豆苗稀。

晨兴理荒秽，带月荷锄归。

道狭草木长，夕露沾我衣。

衣沾不足惜，但使愿无违。

——《归园田居》其三

短短两月有余，陶渊明已然在彭泽声名鹊起，耕作的农家、往来的小贩对他的称赞洋溢在田间地头。他憧憬着能用自己的力量改变这个县城，让辛勤的百姓们日子能够更加好过。

在陶渊明进行户口调查中，浔阳郡丞何隆亲眷所在的何家是被查出来权势最大的一家，同时也是波及范围最广的一家。就在陶渊明任职的第八十一天，浔阳郡负责具体监察和考核郡中所属各县官员政绩的督邮刘云突然来到，不仅没有收到行文通知，甚至连入衙通报都没有听到的陶渊明等人慌忙外出迎接。然而，督邮刘云的身后隐隐透露着何隆的影子，所以当他见到陶渊明时，威胁和索贿的意象已经坦露无余。

刘云走后，陶渊明曾经询问众人，督邮今天愤然发怒，却是不知道究竟为了何事？一名幕僚隐晦地回答，“当束带迎之”，然后双手合在一起指了指圆形方孔的束带扣。陶渊明聪颖过人，如何能不知道刘云所作所为，不过就是再借机勒索？他愤然地回答：“岂能为五斗米折腰！”

回到后堂，陶渊明默默脱下身上的官服，解下那块仅仅跟随他八十一天的官印。陶渊明舒畅地伸腰，脱下这身官服，仿佛退去了一身枷锁，看着门外广阔的农野，他有种羁留在外的鸟儿重返旧林的感怀。“的确，我再一次踏入这座樊笼，因为觉得饥寒是我急需解决的问题。我为人夫、为人父，这是我不可推卸的责任。但是我屡屡违背本意，一次次将自身禁锢在这个死寂的泥淖、这座华丽而腐朽的樊笼。做官使我身心都感到痛苦，使我身心都受到禁锢！”

陶渊明将一切整理好，昂首阔步地迈出了这座如噬人巨兽一般的县衙。此时的他，之前存于心中的无数郁结都仿佛烟消云散，一场突如其来的风波反倒促使他作出了最后的决断。不会为五斗米折腰，这正是陶渊明心中所坚持的最后一份执着。哪怕入朝为官，哪怕为了生计而委屈自己向往自由的心，只有这份自尊，这份坚持，这份为人、为官的良知不会有所改变！“只要我心中有所坚持，只要我的心中所坚持的意愿没有违背，那么哪怕是辛苦，哪怕是艰辛，也依然甘之如饴。”

“当我家境贫寒的时候，为了妻儿，我再一次踏入官途；在面对刘云赤裸地索贿时，我仰天挺胸挂印而去；当我一身布葛披麻为衣的时候，我依然能够拄杖南山，看春柳采秋菊。我所做的种种，无非是为了求得心安，只要心安即是归处！黄金白马千贯金，不得使我开心颜，布衣带月荷锄归，悠然喜嗅墟里烟。一步踏出，从此再也不复入朝野樊笼；一步迈出，便就是那重新振翅悠然于山林间的鸟儿，那一尾畅快穿梭于山林溪间的鱼儿！”陶渊明恍惚之间仿佛已经可以看到，那是一份全然不同的生活，美好的画卷正在他的面前徐徐展开！尽管他还不知道这样的一份生活中是否还隐藏着什么他所未知的窘迫和危险，但是无所谓，因为这正是他的冀望！

陶渊明不禁加快了自己骄傲而畅快的步伐。

羁鸟旧林，心灵故土

久去山泽游，浪莽林野娱。
试携子侄辈，披榛步荒墟。
徘徊丘陇间，依依昔人居。
井灶有遗处，桑竹残朽株。
借问采薪者，此人皆焉如。
薪者向我言，死没无复余。
一世弃朝市，此语真不虚。
人生似幻化，终当归空无。

——《归园田居》其四

仅仅做了八十一天彭泽县令的陶渊明，终于摆脱了他实在无法忍受的政坛污浊与世俗生计赋予的束缚，得以在此投入到他所希望的生活。他是一个隐士，是一个贤者，是一个诗人，但他毕竟不是圣人，不是传说中吟唱着“天地不仁”的大道者，他做不到面对失落依然能够“击缶而歌”，他做不到真正的淡看风云，花落凭水意。

他可以坚决地辞官归隐，他可以不畏辛劳躬耕田园，但是当黑暗赤裸裸地摆在他的面前，他依然只是一个人，一个会犹豫、会感怀、会悲痛的普通人。

当陶渊明乘舟归去，并且从此终身不再进入官途，有谁看到他双眼中饱含的那份脱离了仕途之后的轻松？又有谁在这份轻松之后，看到了生命的重量，看到了虚无空幻的世界本相的淡然和不忍？陶渊明不曾说，他只是站在船头，望着远山，望着流云，一一追思着那些在或者不在的朋友，那些存在于他的记忆中模糊或者清晰的影像。

陶渊明忽然明白了，为什么当他遥望着远处的景象，想着自己回归自然之后悠游山野景象的时候，眼前却会出现荒寂的树林；为什么在看向那一座座石碑的时候心中会生出无限的怅惘，会对离开这一片土地的人们饱含无限关切？因为这就是属于他的那个世界啊！他就是一个游荡在外的游子，一只迷路失足的鸟儿，在终于回到这片属于自己的森林之后，除了欢乐，除了愉悦，他心中一直隐隐感觉到缺少的，不正是这份反思一般的沉重、对生活的思考吗？这或许是一个引发古往今来无数哲人为之迷惘的问题，这或许是一个让人想要逃避却不得不直面的问题。

一次短暂的县令生涯波动了陶渊明的心境，他或许永远都不能够参破政坛的生存准则，但却找到了自己的一份答案。他面色平平淡淡，如同一方古井波澜不惊；他衣袂飘飘，直如神仙一般不坠凡尘。就在他脱离了生活强加给自己的枷锁，打碎了自己执念的囹圄，经历了这次不顺意的政坛之旅后，他看透了生活，看透了生命，看透了自然，也看透了自己的本心，找到了自己的归航。一份跳脱的心，一份忧郁的心，一份犹豫的心，终于像一只归翔的鸟儿，找到了自己的丛林，看到了家的所在。

“是啊，为什么不回归呢？人生在世往往被种种事情所奴役，但是即便我的身体被奴役，为什么我还要阻止自己的心灵追寻自由？人们所惧怕的不过是死亡，但是死亡又有什么好怕的呢？你需要知道，在这个世界上没有什么是永恒的，世间的万物不管你怎么逃避，最终都会回归到虚无当中。既然这样，我们为什么不放纵自己的心灵追寻自由，反而要让它被畏惧和欲望役使？”

悠扬的小船在水面上随意地漂流，伴着风轻快前行，仅存的枯叶随风飘舞，隐匿在不起眼的角落。陶渊明可以感受到风吹起了自己的衣袂，就在这天色微明的时候向前挥舞。他知道，即便现在所要奔向的是让他心痛欲绝的地方，他依然敢于去承受。走出了一片樊笼的世界，那么在这片他所向往的世界中，无论悲喜贵贱，都是属于他的那一份追求、那一份坚持。

胞妹离世，悲泣伤怀

谁无兄弟，人亦同生。嗟我与尔，特百常情。慈妣早世，时尚孺婴。我年二六，尔才九龄。爱从靡识，抚髫相成。咨尔令妹，有德有操。靖恭鲜言，闻善则乐。能正能和，惟友惟孝……

寻念平昔，触事未远，书疏犹存，遗孤满眼。如何一往，终天不返！寂寂高堂，何时复践？藐藐孤女，曷依曷恃？茕茕游魂，谁主谁祀？奈何程妹，于此永已！死如有知，相见蒿里。呜呼哀哉！

——《祭程氏妹文》节选

幸福的家庭都是相似的，不幸的家庭各有各的不幸。“嗟我与尔，特百常情”，虽然与她不是同一个母亲所生，但自小生活在一起，毫无嫌隙可取。“爱从靡识，抚髫相成”，感情最炽热、最长久的莫过于同胞亲情；从垂髫稚子的时光里走出的两个人，在相依相伴的家庭中共同长大成人，又有什么样的情感能与之比肩，又有哪般对兄妹之情的感悟能超过陶渊明的眼界？

事实上，陶渊明上任彭泽县令仅八十一天就离去的创举，与妹妹的离世有很大的关联。

人生就好似梦境一般虚幻变化。义熙元年（公元405年）十一月，当陶渊明还沉浸在自己的幻想之中，还在幻想着脱离了樊笼之后的怡然生活，兴致勃勃地准备采菊东篱、寄语南山的时候，一个惊天的噩耗传来：他最心爱的妹妹竟然在一场大病中无知无觉地逝去了。一时间天地失色，阴霾的天空下，准备辞官离去的彭泽县令对着眼前一望无际的灰暗喃喃自语，深沉的灰色比当年母亲离世时似乎更加浓重。

陶渊明绝对想不到，短短十数年，在连番遭遇发妻过世、母亲老死、仕途坎坷的磨难后，上天竟然再次降下灾祸，将他唯一的骨肉至亲也毫不留情地夺走。站在刺骨的寒风中，尽管冬天的风霜还未曾到来，陶渊明的心却已然如同忍受过整整一季的雨雪煎熬。

陶渊明清楚地记得，自打记事的年龄，他就已经和妹妹、母亲、庶母相依为命。他的庶母是个苦命的女人，父亲过世不到五年，庶母就在贫病交加中与世长辞，留下只有九岁的妹妹。以往庶母死去，作为家中的“外人”，庶子往往会遭遇意想不到的冷漠和欺辱，甚至被嫡母当作货品一样变卖贴补家用。幸好，母亲孟氏根本不在乎嫡庶，仍把妹妹当作亲子抚养。她与哥哥陶渊明从孩童时代开始就一起成长，嬉笑，游戏，识字。

作为兄长，陶渊明在文中毫不吝惜对这个妹妹的喜爱和推崇："咨尔令妹，有德有操。"自小成长在书香宦仕之家的妹妹，不但没有被清苦的生活磨去庄贞和德行，反而比别人户中的女儿更知书达理。陶渊明读书时，她就在一旁静静地看着，间或纠正一下哥哥的错误；陶渊明求学游历时，她待在家中，手把手地跟着孟氏学习女红，不时地还要朝屋门外望上几眼；新嫂王氏的花轿到来时，妹妹换上多少年都舍不得穿的彩衣，搀着王氏走入陶家园的厅堂。

对母亲孟氏而言，有这样一个庶出的女儿在，兴许会好过嫡出的孩子。她是家中的娴女，为兄长分忧，予家嫂协助，从来没有因为自己的身份而故意要争取什么，反而成为这个破落家庭里顶梁柱的一员。陶渊明有时甚至会想，如果没有这个妹妹，这个破落的家庭甚至不可能支撑到妻子翟氏的到来。所以，无论自己的生活如何窘迫，他也想要尽力照顾妹妹，让她能过上女儿家的生活。

"感惟崩号，兴言泣血。"在今天的男性眼中，痛苦也许是一件颇令人丢脸面的行为。但在遥远的过去，尤其是经历了时光巨变的晋末，文人对自我感知的强烈支配心理已足以摒弃任何世俗杂念。有感于心，便悲从中来，伏地号哭，泣血盈目。悲伤就是悲伤，没有什么见不得人的理由，没有不足为外人道的借口。像当年为母亲奔丧时一样，陶渊明再一次驰往浔阳，在哭声寥寥的灵堂中，对着写有妹妹母家姓氏的牌位叩头。他堂而皇之地哭泣，痛彻心扉，只为想念那个再也不能看到的人，所以由着这份痛心，让在苦海中艰难泅渡的自己释放一次。

妹妹的死对陶渊明来说既是痛苦，也是一种助力。经历了长达十数年的仕宦沉浮，陶渊明早已无法再在污浊的政坛世界中生存——他本不属于自己，离开是注定的脚本剧情。现在妹妹也走了，他也正好可以趁着这个悲痛欲绝的时刻，扬长而去，在宁静恬淡中度过自己所剩无几的光阴。于是他走了，走时毫无顾忌，甚至连交接手续都懒得办。

山野林间，亲情意浓

野外罕人事，穷巷寡轮鞅。

白日掩荆扉，虚室绝尘想。

时复墟曲中，披草共来往。

相见无杂言，但道桑麻长。

桑麻日已长，我土日已广。

常恐霜霰至，零落同草莽。

——《归园田居》其二

挂印归隐的陶渊明终于回到了自己的家，远远看去，隐藏在一片田间村落的茅屋显得那样地可爱和亲切。看着家的方向，陶渊明甚至激动地像小孩一样忍不住跳起来，带着满怀喜悦向着家门奔跑。或许是得知了自己归来的消息，几个孩子早已等在门前，那一日离家时门两旁新长起来的杂草也被清理得干干净净。

浓浓的炊烟正从那茅屋的一角飘出，熟悉的清酒香味萦绕在鼻端，这是不知道多长时间未曾闻到的怀念的味道。一路风尘仆仆，那颗动荡忐忑的心似乎在一瞬间就平静了下来，连日以来沉浸在妹妹去世的悲痛中的无措心神也好像找到了依靠。是啊，这就是家，一个属于自己的归处。不论身在何处，只要想到这里，就会觉得心安。

尚未进门，陶渊明的眼前已经浮现起步入仕途之前自己居住在这间房中的美好过往。想到那时，妻子温柔地在一旁操持家务，自己则看着田地中日渐茁壮的庄稼，看着一点点被开垦出来的田地，由衷地欢乐。尽管这里十分偏僻，甚至因为道路崎岖就连普通小贩的车马也很少前来，在大白天都紧紧关上房门，只有晚上大家从田地里回来的时候才会聚在一起吃饭聊天。

走进家门，在为父亲的归来欢呼雀跃着的孩子们背后，是一位恬淡微笑着的女子，不愠不火地熬煮着一锅菜汤，自然地在案桌上摆放着碗筷。她就像是山间伫立的一棵花树，不论自己做什么，她都只会在自己身后默默支持着，仿佛自己最坚实的后盾，从不会有什么怨言。陶渊明看着桌上的饭菜，看着茅屋后面几尺高的杂草，想到自从自己离开后，连以前一家人经常踏过悠游的小径都变得如此荒凉，一份愧疚的酸楚不由得涌上心头。

但是在陶渊明想要说些什么的时候，却被妻子拉住了双手。仔细地上下打量之后，妻子将他强拉到座位上，为他倒上一杯清酒，盛上做好的饭菜。不需要陶渊明多说什么，做妻子的心里又有哪些事情是看不明白、看不穿的？日子苦，那就苦点吧，自己的男人心中有着怎样的抱负，自己的男人有着怎样的心性，自己的男人是一个怎样的人，难道这世上还会有人比她更了解吗？不会有的，在这个世界上最了解陶渊明的，愿意为他无私奉献出一切的，愿意与他同甘共苦休戚与共的，就只有这样最亲近的人。

她给几个淘气的孩子盛好饭，拿起桌上的抹布打量了一圈这已经非常干净的屋子，然后长长地吐出一口气，为陶渊明轻轻地揉捏肩膀。她的声音很轻，轻得就仿佛是一片毫无重量的羽毛，但是落在陶渊明的耳朵中，却仿佛是惊雷一样的声音，在他的眼前用最辉煌、最灿烂的方式打开了一幅绝美的画卷：他拥着娇妻，带着几个调皮的孩子，抱着暖融融的炭炉，在一片雪花飘飞的天地间玩耍打猎，凿冰捕鱼，融入一片自然的景色中。只听她在耳边轻声说：“改日，我们一家赏雪可好？”

诚然，陶渊明喜爱这片春燕环绕、雾霭如烟的山野林间，喜爱这片带给他闲适、自在的天地；他受不了与那些官员同流合污，无法违背自己的良心和那些人蝇营狗苟。但是同样地，他从来没有忘却自己的责任，他是一个男人、一个丈夫、一个父亲，所以照看家人、维持家用是他应当的责任，而现在他却放弃了那丰厚的俸禄，再次一身光洁地回到这个贫苦的家中，不仅仅是自己，甚至还有一心为他着想的妻子和仰慕他的孩子，都将会再一次陷入清苦之中。不由地，陶渊明的心再一次揪紧了。

吾生行休，不悲不喜

怅恨独策还，崎岖历榛曲。

山涧清且浅，遇以濯吾足。

漉我新熟酒，双鸡招近局。

日入室中暗，荆薪代明烛。

欢来苦夕短，已复至天旭。

——《归园田居》其五

自从回归到这片心中向往的自然世界，陶渊明自感从此再也没有什么事情能够萦绕于怀。在陪伴家人之余，他更多地是独自一人拄着拐杖在不平整的山林中漫步，每每看到那些清澈的溪水流过温润的草坪，阳光穿过树林间的缝隙落下，即便是身体上有所劳累，心灵中也是无限快乐。

回到家中，把新酿的米酒打出两盏，抓住一只鸡好好烹煮，就算是在这样贫寒的茅屋之中，就着昏暗的光线，他依然可以和乡亲邻里痛快无比地谈天说地，尽享这一刻的快乐。

然而，无论此刻是多么地令人忘怀，短暂的欢乐过后，让他更加不能够展开笑颜的，还有自从辞官之后那接踵而来的困难。

陶渊明开始显得有些困惑，他不明白为什么自己既然回归到了心中所向往的那种愉快的世界，可以让身体和灵魂同步，为这样的一份归隐生活而贡献全部，却仍然有着这样或者那样的事情出现。他十分地不明白，在他看向身边那些人时，为什么他们的眼光里有着各种各样奇怪的光彩。难道在一起畅谈天地的时候不够交心吗？难道在一起把酒言欢的时候不够熟络吗？难道是……他们仍然不能接受自己吗？

每一个诗人必然都是哲学家，他们看到了很多，明悟了很多，所以更加容易陷入迷茫，对自己现在的生活和追求产生疑问。生活、世事的忧虑郁结在陶渊明的心中，无时无刻不在和他所追求的相互角逐。或许他可以在自然的怀抱中暂时忘却这些烦恼，但是此时此刻，在一片喧闹之后，那些压抑的人生领悟，还有对自己追求与自然完美契合的理念却好像是无影无形的魔念，挥之不去，愁闷的烦恼更得不到解脱。

如果一个人的苦和乐得到平衡，那么他无疑是幸福的，因为他可以做到不喜不悲，从而使心灵得到一处宁静的归宿。但是陶渊明却不是这样的人，他将自己的悲喜寄托在所向往的这片天地，所以当身边的环境有所改变时，他的困扰、他属于诗人的那一份哲学的思绪就开始蠢蠢欲动，迫切地想要找到答案。

夜晚，陶渊明静静地听着身边妻儿熟睡的鼾声，起身在缺口的碗中倒上了最后一碗残酒，看着家徒四壁的茅屋，回想着自己从最开始雄心壮志想要作出一番事业的少年时期，想着那时单纯热血而真性情的自己，一时只觉趣味盎然，好似找到了一件有趣的玩物。人生是如此地短暂，这样一份短促的人生，这样飞速流逝的光阴，原来只需要短短的一夜就可以慢慢地回想？在这易逝的一生，他又在想些什么？

陶渊明默默地感慨，心中的矛盾、信念的坚持就这样在一片淡淡的月光下逐渐清晰。人生须臾短暂，究竟怎么样才是对的？

陶渊明淡淡地饮下碗中的残酒，仰头看向茅草屋顶破开的漏洞，上面有星辰闪耀，就像是上天变化的眼睛。他摇晃着脑袋，仿佛是在品酒，猛然间，他笑了，仿佛看到了记忆中的种种精彩片段，一颗心也随之开怀。

“每个人在这世界上能够活多久呢？人生苦短，为什么还要把时间浪费在违背自己心意的事情上呢？那些汲汲营营在官场打拼的人，你们到底是在追求什么呢？是富贵还是权势？你们可看到了自己脚上的锁链，看到了自己身上的泥污？我真是庆幸，这些都不是我所想要的。我只想和天空中的风一同歌唱，在我短暂的生命中尽情地欣赏属于这片自然的美丽，只要我的心中是快乐的，那么即便天空再黑暗，曙光还会远吗？”

陶渊明怡然地享受着，悄然地等待着天边那一抹晨曦的降临。然而没有人知道，当他自免彭泽县令、投身自然、舒适地安身立命直到生命尽头的生活真正展开之后，又有着什么样的故事在等着他。

第八卷 田居遇火，一宅无遗片瓦

终于摆脱了压在身上的深沉桎梏，终于可以放开官场的束缚，让自己的心追求这一片悠然的自然天地，此时展现在陶渊明眼前的是一片如此美好的景象，如此令人陶醉的美好时光。他多么希望自己出生在衣食无忧的东户子时代，在传说中那个远古社会里，道不拾遗，粮食多得吃不尽，余粮就放在地头。但是，他笔下那所安宁静谧、洋溢着生活气息的“方宅十余亩，草屋八九间”的住宅，却被一场无情的大火烧毁。活下去，一定要活下去，哪怕像个老农一样，又何损于诗人的诗名与文学地位？何必定要强加给他一个“固穷的志节、隐士的高风”，让他为这种高风亮节而活？

采菊东篱，悠然悠哉

结庐在人境，而无车马喧。
问君何能尔？心远地自偏。
采菊东篱下，悠然见南山。
山气日夕佳，飞鸟相与还。
此中有真意，欲辨已忘言。

——《饮酒》其五

终于离开了让人厌烦的嘈杂生活，陶渊明对现在的这种生活感觉十分惬意。自他辞去了官职之后，已经有整整三个年头。在这三年里，他每天所要做的就是在这一片寂静中酣畅淋漓地饮酒写诗，侍弄那些种植在南边山头山脚的庄稼和花朵。虽然以前积存下来的粮食和现在新打上来的有些青黄不接，但是这又有什么？陶渊明丝毫感觉不到有什么不快乐，解决的办法一定会有，那还有什么必要想那么多？

就像现在这样悠闲地在这僻静的山野抒怀耕作，或者去热闹的集市上看看，带着一大家子四处转转不也是很棒的一件事情吗？陶渊明心里想着，脚步已经把自己带到了家中妻儿的面前。就在这样一个风和日丽的日子，陶渊明手牵着孩子们，身后跟着妻子，一路说说笑笑，走过田间地头，走过树林草丛，穿过川流不息的嘈杂人群，一路指指点点，看到奇特的小玩意还会停下脚步，拿一个在手中逗弄身旁的孩子。身边车马喧嚣，陶渊明的心中却只有自己的妻儿，沉浸在这一份快乐中。

明明家中面临着不容乐观的窘迫，陶渊明为何依然能够如此地豁达开怀，仿佛什么事情都不曾放在心上？明明是一身粗布补丁，为什么他脸上的笑容要比曾经身居要职、掌管一县百姓的时候更加地快乐舒畅？陶渊明不曾说，他也不曾去想为什么会这样，他只是就这样随着自己的心意，放松地敞开自己的胸怀，向自己的家人，向每一个路过的认识或者不认识的人宣泄着这种轻松，感染着在他身边的每一个人。

从集市回来之后，妻子带着孩子回家做饭去了，陶渊明独自一人站在自己开辟的那一小块花田边上，看着盛开的菊花在这暖暖的夕阳下绽放着，淡淡的红色从天边延伸铺展开来，不仅是这团菊花，还有远处的小山，都被这美丽的夕阳余晖渲染成瑰丽的红色，暖洋洋得让人感到一阵舒适。

天地现在是如此地静谧和谐，舒适得让人想要睡去。微风吹来卷着菊花的芬芳，带着甘绵的草的味道，隐隐约约似乎还有着不远处那正在袅袅升起的炊烟的烧灼味道。陶渊明向天伸了一个大大的懒腰，这样才是幸福快意的人生啊！山林上最后一圈飞鸟也缓缓飞了回去，陪伴着陶渊明一起向着家中走去。陶渊明一时之间竟分不太清到底是自己把这份快乐的情感抒发在这片天地之中，还是这片天地把这份美好的快乐铺陈在他的双眼之中？

陶渊明不知道答案，也不想去探究，答案是什么有什么重要呢？不过是白白地浪费时间和精神。只要能使自己内心快乐，不论做什么，不论是自己把这份快乐的情感抒发在这片天地之中，还是这片天地把这份美好的快乐铺陈在自己的双眼之中，又有什么分别？在陶渊明的眼中，只要是快乐，只要能放纵在这片天地之中，那些飘忽虚无又有什么可计较的？

远方的车马喧嚣也逐渐寂静了，近处寂静的村落却忽然热闹起来，大家纷纷扛着锄头从田地里赶回，昏黄的炉火和灯火映照一片，夕阳未尽，明月未起，星辰未亮，一切都是朦朦胧胧的，只有这一片混沌的火光最是明亮温暖。人间的美好和自然的清新似乎在这一刻完美地糅合在一块，让人忘记言辞，忘记忧愁，忘记这世间一切的不快乐，仅剩下最初的对这片天地的畅想和欣慰。

陶渊明隐隐约约地生出一份得意的神情，如果不是自己果断地抛弃了世俗的官场牵绊，又怎么会有机会看到这样的美好景色？这是自然的馈赠，也是田园农家的馈赠，馈赠自己这个曾经迷途很久的游子，馈赠那些和他有着一样美好旨趣的人们，一起陶醉沉浸在这样的美好景色之中。陶渊明把手放在腰间，却是摸了一个空，这才想到今天已经把这常年挂在腰间的酒葫芦换作了小儿子手中的一只竹鸟。

陶渊明摇摇头，要是此时此刻有一口酒那该有多好！如此的美景，如此的心情，天地为友，百态为景，在这个世界上又有什么样的色彩能够与之比拟？“我回到了这片闲适的农园之中，看到了这样令人陶醉的景色，还应该奢求什么，苦恼什么？”不需要了，完全都不需要了，陶渊明大步向前，隐隐约约似乎已经可以看到自家门前妻儿向他招手的身影，心情不由得更加舒畅起来。

“要来口酒暖暖身子吗？”不知从何处出来的邻居举着一只葫芦向陶渊明示意，上面还沾着新鲜的泥土和草叶。“为什么不要呢？”陶渊明大笑着上前，与其并肩。

陶渊明沉浸在这样的快乐之中，这种快乐不仅仅来自于生活的悠闲，更是他精神上无比放松、无比快乐的感受。不需要像辛劳的蚂蚁一样每日忙于工作，不需要像工蜂一样在县衙中压抑着自己的心情劳作，又为什么不开心呢？陶渊明如此问自己，却不知道，远远地，一个灾祸正在向他招手。

风起微末，乐不自胜

孟夏草木长，绕屋树扶疏。
众鸟欣有托，吾亦爱吾庐。
既耕亦已种，时还读我书。
穷巷隔深辙，颇回故人车。
欢言酌春酒，摘我园中蔬。
微雨从东来，好风与之俱。
泛览《周王传》，流观《山海图》。
俯仰终宇宙，不乐复何如？

——《读〈山海经〉》其一

夏日初临，草木愈加繁盛起来。清晨时分，草庐周围的绿树也随着陶渊明的梦醒而活跃起来，晃动摇曳，为草庐拂去日光，从而使他安心阅读。鸟儿在枝头欢快地唱着、跳着，无拘无束，逍遥快活，似乎想将这美好的心情传递给诗人。清风拂面，送来泥土的芬芳，经过耳边的声音似乎是在夸耀庄稼的成长是怎样地茁壮。远远传来农夫们相互吆喝的声音，似乎能听到他们在打招呼，甚至还能听到他们在聊些什么，也看得到他们三三两两地走向了地里田间。那天地像一片青绿色的水潭，微波在荡漾着，而陶渊明也在享受着这一切。

听，似乎从田里传来了歌声，音调和缓而舒适，树上的鸟儿也不甘寂寞，帮着和起声来。到处都是那么欢乐，却并不吵闹，一切是那么轻松而惬意。陶渊明完成了自己的田间劳作，听着那田间的歌谣，伴着鸟儿的欢歌，他也读起书来。所有的一切都让人感到和谐美好，不敢有一丝动作，生怕打乱了这份宁静，破坏了世间万物的和谐。

远方传来车马的声音，陶渊明皱了皱眉。那不是属于这里的声音，属于自己生活的声音。他生命里的声音只应该有对自然的歌颂、对生命的感叹，以及对悠然生活的向往，又怎会有这些车马，为求官、求财所发的阿谀之音？渐渐地，那声音又远去了。陶渊明笑了，那些老朋友果然不属于这里，体会不到这里的快乐，而自己也不属于外面那个纷扰的世界。优雅的大自然已经帮自己回绝了那些自己不愿见的人，这里想必就是自己梦寐以求的桃花源吧。

“结庐在人境，而无车马喧。”这不正是自己想要的生活吗？想到这里，陶渊明愈加高兴了。此情此景，又怎么能少了那位常伴左右的好友——酒呢？斟一杯好酒，畅言心中所想。一边读书，一边饮酒，放声大笑，高声而歌，指点南北，品评古今，这是怎样潇洒、悠闲的生活啊！

日渐西沉，陶渊明摘了些自己园里的蔬菜，回家做饭。拿着自己汗水和劳动的结晶，心里既有一种满足，又有一份快乐，幸福感油然而生。回去定然赋诗一首，来纪念所发生的一切。天意作美，自然也愿意为他的诗作锦上添花：初夏清清淡淡的和风送来一场由东而至的细雨，既不会让他淋湿，也让他感到自然的温柔。雨滴就像一只只小手，为劳作了的诗人进行适当地按摩，也让他为这自然柔和的力量而深深折服，留下一笔“微雨从东来，好风与之俱”。

又回到了自己的家，那个环境优雅的草庐。傍晚时分，最好的消遣就是读书了。读些什么呢？读那个记叙了周穆王驾八骏马游四海的神话故事的《穆天子传》，浏览一下依据《山海经》中的传说绘制的图——《山海图》吧。陶渊明看书并不细看，他不是为了学习而学习。在他眼里，读书只是一种消遣，是他闲适生活最好的调剂品。

六月野火，天降灾祸

草庐寄穷巷，甘以辞华轩。
正夏长风急，林室顿烧燔。
一宅无遗宇，舫舟荫门前。
迢迢新秋夕，亭亭月将圆。
果菜始复生，惊鸟尚未还。
中宵伫遥念，一盼周九天。
总发抱孤介，奄出四十年。
形迹凭化往，灵府长独闲。
贞刚自有质，玉石乃非坚。
仰想东户时，余粮宿中田。
鼓腹无所思，朝起暮归眠。
既已不遇兹，且遂灌我园。

——《戊申岁六月中遇火》

时光的平静让陶渊明感受到了世外桃源般的生活，徜徉在这样的平静海洋中，似乎这世界上的一切都像山岗上拂过的微风一样丝毫不萦绕于怀，更无法在平静的水潭上划出丝毫波纹。每日他在这间简简单单的茅草屋里陪伴妻子、教育孩子，给他们讲述在这山村之外的风光，讲述自己仍然混迹在政坛的时候所看到的黑暗和光明，不论是感人的还是让人愤怒的，总有这么几个人，追随着他的讲述波动着自己的感情。陶渊明淡淡地讲述着，仿佛置身事外一般。

六月渐渐到来，空气中浮动着令人焦躁不安的气息。每天清晨，太阳还没出来的时候，陶渊明就不得不跟随着其他庄稼汉们，趁着早晨些微的凉意赶到自己的田地中去，那些积年的存粮早就已不能应付这个家庭的每日所需。看着几个孩子一日日的长大，陶渊明心中满是欢喜，感觉自己每日辛苦下地耕种的身体中也是充满了干劲儿，丝毫不觉得疲倦。男主人每天早出晚归，女主人操持家务，小孩子四处玩耍，大孩子里外帮忙，就像一幅真正的农家生活景象一样。陶渊明失去了做官时的空闲，少了家产丰厚时的悠闲，很少抽出时间像一个诗人一样外出游玩做诗，但是他的心中依然十分地满足，从内到外都洋溢着满足。

可是，“正夏长风急，林室顿烧燔”。天炎风息，从集在一起的房子顿时烧掉了。这一“顿”字，显出打击的沉重。“一宅无遗宇，舫舟荫门前。”他的住宅没有剩下一间房子，只好将船翻盖在门前，以遮蔽风雨。“舫舟荫门前”一般解释为寄居在船上，似非确。《归园田居》中的“榆柳荫后檐”与这句结构相同，“荫”也为“覆盖”的意思。在陆地上以舟作棚，现时也还常见。以上可谓第一段，写“遇火”情况。

这一日，天气十分干燥，风中仅有的那一丝丝独属于清晨的湿意也不翼而飞，天空显得格外压抑，压得人抬不起头来，就好像是要发生什么事情一样。鸟儿大都躲在树林深处的树洞里，平日里时不时能见到的狐狸等小动物也都不知道躲在了什么地方。引导灌溉的小渠沟裂开一个个口子，这些缝隙又被风卷而来的黄土细沙填满。庄稼也好，杂草也罢，全部都忽然之间变得十分羞涩，羞答答地低垂着脑袋，不敢抬头去面对这些眼中洋溢着热切感情的庄稼汉子。

夜很快就到来了，天空中不见丝毫云彩遮掩，明月分外明亮，明亮得看不到极远的阴暗处经常会冒出头来的星星。辛苦耕作了一整天的陶渊明舒适地躺在家门前，看着明月，享受着这难得的片刻清闲。此时，他的心中或许还在想着今年会有怎么样的收成。在终于得到了这向往已久的生活后，他的内心是否满足，实在是不为外人所知。

然而，就在这个时候，风中带来了一丝不安，树林中酣睡的鸟儿全部惊飞，明亮的月光下突然出现了一道怪异而耀眼的红光！在陶渊明还没有察觉的时候，一声哭喊穿透天际，震撼了整个宁静的夏光！

就在这样一个美好宁静的夏夜，就在这毫无预料的瞬间，陶渊明那简简单单、破破烂烂的茅草屋上，一只火舌伸缩不定，滚滚的浓烟接天而起，掩盖了月亮的皎洁色彩，渲染出另外一抹恐怖的让人心悸的红色！

粮食！陶渊明看着这骤然而来的大火，脑中忽然蹦出来的就是这样的一个念头。不仅仅是他，就连孩子们也伸着自己小小的手，向着那熊熊的火焰哭喊着，嘴里不知名的声音更加剧了这份离奇的混乱。一时之间，哭喊声、惊呼声、抢救声此起彼伏，寂静的夜晚变得无比喧嚣热闹，不知道的人还以为这里在举办什么热闹的庙会，只有走近之后才发现，原来这里正在发生的竟然是一位伟大的诗人、伟大的文学家、平凡的庄稼汉的天降灾祸！家，渐渐地在火焰中化作灰烬！

这到底是怎样的灾难啊！当混乱终于平息下来，那抹邪恶的火焰在众人齐心协力的抢救下终于熄灭之后，展现在人们面前的，只剩下惨不忍睹的昏暗废墟，这里原本是一个温馨的家，一个尽管辛苦却充满了温馨的家啊！妻子已经瘫在地上再也站不起来，几个孩子已经喉咙嘶哑再也发不出声音，就连陶渊明也已经摇摇欲坠。

“上天为什么会将这样的灾难降临在我这样一个毫无反抗能力

的可怜人的身上?”陶渊明看着远处的山丘，望着隐藏在黑暗中自己的田地，暗暗握紧了拳头。在他的眼中，一团汹汹的火焰在燃烧着，这火焰中，是决不向这片天地降临的灾难低头的意志。

吾心弥坚，住进渔船

天道幽且远，鬼神茫昧然。
结发念善事，僶俛六九年。
弱冠逢世阻，始室丧其偏。
炎火屡焚如，螟蜮恣中田。

——《怨诗楚调示庞主簿邓治中》节选

辞官后的陶渊明一直过着清苦的田园生活，这种生活虽然称不上贫困，但的的确确显得拮据。家中经历这场大火之后，陶渊明的生活更显艰苦。由于火是半夜三更烧起来的，当时全家人都在睡梦之中，火势起来之后全家慌忙逃命。

整夜的大火被扑灭之后，陶渊明的家园已经化为灰烬。浓烟阵阵袭来，呛得他双目流泪，不住咳嗽，随后便又晕倒在地。陶渊明醒来后得到的唯一一个好消息，就是粮仓保住了，至少一家人还有果腹之物。随后，堂弟陶忠德赶到家中，带来了一些生活必需品。一家人围坐在一起，甚是凄凉。

“大哥，事情既然发生了，就必须要面对，虽然我不知道你是怎么想的，但是别太难过，不行你们先到我家挤一挤吧。”陶忠德说道。

“这么多人，而且男女皆有，你们家怎么住得开。”陶渊明摇摇头，心中虽然满存感激，但是弟弟家生活也比较艰难，所以不愿叨扰弟弟。“现在是夏天，夜里不是很凉，随便搭个棚子也可以凑合下去，办法再慢慢想，不着急。”

“那怎么行，家总要有个家的样子，一个棚子怎么可以？对了，我有办法了，我家有两条渔船，我晚些直接拖过来，然后在上面支上竹篙，搭起棚子，七八人住起来绝对富裕。”

“好是好，但是如此一来你就不能再出去打渔了。”

“这是哪里的话，大哥你在危难之中，小弟怎么能袖手旁观呢？这件事就这么定了，我现在就回家操办这事。”

于是，随后的一个多月中，陶渊明一家都住在渔船当中。秋季随之来临，夜里气温转凉，思绪万千的陶渊明在一个不眠之夜写下了《戊申岁六月中遇火》的诗句。在这段日子里，陶渊明心里虽然忧郁，但是仍旧无悔于定居草庐穷乡的作为，不仅对世俗的感慨减少，而且对眼前的得失也看淡了。

在此刻的陶渊明眼中，房屋虽然被毁，但是家仍然还在，虽然暂时的安居之所只是两条借来的渔船，但是依然保持了家庭的完整。唯一令陶渊明担心的是，天气越来越凉了，新居还没有盖好，这四面漏风的船只也不知道还能住到几时，孩子们是不是会生出病来。

可以说，此时的陶渊明依然把自己定位为山野村夫、平民百姓。虽然心中那份遗憾依然存在，但是更多的思考还是针对这种自然的田园生活。

一天晚上，陶渊明夜不能寐，于是走到船头静坐。陶渊明抬头看着天空中的明月心生感慨："又要到月圆的时候了，可是我们看到的团圆家庭背后，却是几面残缺的断壁、几根烧焦的房梁。菜园里播种的种子虽然在健康地生长，但是受惊的鸟儿却再也没能回来。为什么我放弃了曾经的追求，回归田园，却仍旧坎坷无数？难道普天之下就没有一个属于我陶渊明的乐土吗？苍天啊，你能不能听到我这沉重的叹息呢？"

这场火灾对陶渊明的打击虽然很大，但好在没有彻底将其打垮。他在这段时间内改变了以往的人生态度。在物质条件极度贫乏的时期，他学会了寻找精神生活的满足，那种恬然自适的感觉让他感到前所未有的轻松，这种深深的快乐感受在他随后所作的《咏贫士》中一览无遗："万族各有托，孤云独无依。暧暧空中灭，何时见馀晖。朝霞开宿雾，众鸟相与飞。迟迟出林翮，未夕复来归。量力守故辙，岂不寒与饥？知音苟不存，已矣何所悲。凄厉岁云暮，拥褐曝前轩。南圃无遗秀，枯条盈北园。倾壶绝馀沥，窥灶不见烟。诗书塞座外，日昃不遑研。闲居非陈厄，窃有愠见言。何以慰吾怀，赖古多此贤。”

这些诗句不仅反映出陶渊明摆脱腐败昏庸官场樊笼的畅快，更有一种享受田园之乐的惬意。从中完全可以看出，经历过火灾后的陶渊明已经充分融入到田园生活中，那种父老乡亲共话桑麻、躬耕陇亩亲身为的画面，让无数人为之向往。这种“不以躬耕为耻，不以无财为病”的人生态度是他日后写出《桃花源记》的重要基础之一。

可以说，陶渊明所憧憬的世外桃源其实很多都是他现实生活的写照，只不过他对其加以丰富。这次火灾虽然损失很大，但是对于他个人而言却不是一件坏事。从这件事中陶渊明看到了一种乌托邦式的生活，看到了一种一直向往的人生态度，从而使他得以获得崭新的人生思想，并表现出历史上最为经典的田园精神。

生死了然，移居南村

昔欲居南村，非为卜其宅。
闻多素心人，乐与数晨夕。
怀此颇有年，今日从兹役。
敝庐何必广，取足蔽床席。
邻曲时时来，抗言谈在昔。
奇文共欣赏，疑义相与析。
春秋多佳日，登高赋新诗。
过门更相呼，有酒斟酌之。
农务各自归，闲暇辄相思。
相思则披衣，言笑无厌时。
此理将不胜？无为忽去兹。
衣食当须纪，力耕不吾欺。

——《移居二首》

一直住在渔船之中，始终不是长久之计。重阳节前，陶渊明和家人商议，决定重新盖一座房子。为了离自己的田地近一些，陶渊明决定移居到南村居住，而南村刚好也是距离陶家墓地最近的村庄。住在南村，让陶渊明有了一种叶落归根的感觉。

为了赶在重阳节前住上新居，陶渊明全家出动，陶仲德负责砍树打桩，陶渊明的几个儿子选好了地基，呼朋唤友一起干了起来。看着每日前来帮忙重建新房的亲友、邻居，陶渊明可以感觉到一种安慰。在那样一个路不拾遗、夜不闭户的年代，淳朴的民风给了他很多的感悟，也正是这些感悟使他有了克服困难的信念，而这种信念就是代表陶渊明风格的安贫乐道。在大家的齐心合力之下，陶渊明一家终于在重阳节前一天住进了新居。

搬进新家后，陶渊明的心情渐渐好了起来，于是他写下了《移居》一诗来记录自己当时的心情。

此时的陶渊明，没有了当官的理想，也没有了远大的抱负，他现在只想安安静静地隐居，每天忙完自己的农活就回家休息，闲来无事便去找自己的邻居谈天说地，他认为这种宁静的生活才是最有意义的，觉得当初自己撇下这样的生活而去当官可真是一个愚蠢的决定。想到这，陶渊明不禁苦笑了一声。

这场大火虽然给陶渊明带来了沉重的打击，但是对他而言未尝不是一种警醒，他的官途梦、他的天下心，都随着这场大火烧得干干净净。如今的他，只要能够自食其力地过上温饱而且安定的生活，就觉得似乎来到了人间仙境。如果还能在周围的邻里中结识三五淳朴好友，无论是耕作时还是闲暇时，能聚在一起谈天说地，他就会由衷地感到幸福。因为此时的陶渊明，只有和这些日出而作、日落而息的农民生活在一起时，才能得到心灵上真正的宁静。

就在陶渊明静静地享受着田园生活时，当年远走庐山的刘程之给他寄来了一封信。在信中，刘程之邀请他前去庐山游玩。其实陶渊明知道，刘程之不过是想把他拉进白莲社，因此写了一封信回复，也就是后世著名的《和刘柴桑》。

“山泽久见招，胡事乃踌躇？直为亲旧故，未忍言索居。”收到你的来信，你在信中对我说，既然家中已经失火，何不去庐山住一段时间呢？还有什么事情能让我犹豫呢？其实我非常感谢你的好意，但是我实在扔不下亲人和周围的朋友，我几乎无法离开他们。而且佛教认为人们应该跳出红尘，独自居住，这对我来说是绝对无法接受的，因为我是一个性情中人，只要一离开自己的家乡，就会时时刻刻充满对家乡、朋友、亲人的思念，甚至会难以入眠，只想立刻飞回自己的家中，你觉得这样的我又如何能在庐山常住下去呢？

“良辰入奇怀，挈杖还西庐。荒涂无归人，时时见废墟。茅茨已就治，新畴复应畬。”前几日的一个清晨，我回到了我的园田居瞧了几眼，通往那里的路上长满了荆棘，根本看不到有人回家的身影，有时还会见到一些废墟。一年之前，这里还是我和家人生活的地方，寄托了我们全部的希望，可如今，这里却已经破败成了这个样子。我站在曾经的院子中，似乎明白了你们佛教所说的“空”的含义，好在这些日子我在南村的新居已经修葺完毕，新开垦的田地也已经种下粮食，现在我只要看到庄稼在地里生长，心中就暖洋洋的，就不会再去想那些伤心的往事了。

“谷风转凄薄，春醪解饥劬。弱女虽非男，慰情良胜无。”或许我真的已经老了，竟然觉得现在门外的东风有些刺骨，所以只能靠着春天时酿的烈酒来为自己驱除寒冷与疲倦。虽然我们自己家酿的酒没有作坊里的好喝，但是也足够我寄托情感了，而且去年的那场大火实在是让我备受损失，作坊中的好酒我已经喝不起了。

“栖栖世中事，岁月共相疏。耕织称其用，过此奚所须！去去百年外，身名同翳如。”那些曾经当官的日子，早已经随着时间的流逝而遗忘，想起当年的事情总是让我恍如隔世。现在的我一心只想耕地种田，自食其力地和家人在一起生活，除此之外没有其他的要求。时光匆匆流逝，无论是我的身体还是我的名声，都会慢慢地黯淡消失，最后变得无影无踪。你们佛教中讲究轮回转世，但是谁又能清楚自己的前世今生？只要这辈子可以安静地度过，那么我也就了无遗憾了。

就是这一封信，彻底打消了刘程之拉拢陶渊明入白莲教的打算，而陶渊明也开始安安静静地享受自己的余生，他觉得生活充满美好，世界上再没有什么可以让他难过的事了。但是他不知道的是，就在不久之后，他视为知己的从弟陶仲德竟然也撒手人寰……

第九卷

人生追问，不悲喜亦不惧

陶渊明被称为中国历史上最成功的田园诗人，很多人认为除了田园风格的诗词之外，他没有任何其他风格的成功之作，也没有其他的人生观点、人生感悟。其实不然，陶渊明之所以选择以田园态度看待人生，就是因为他曾有过经典的哲理思想，并且获得了“自然说”的感悟，最后融入到了田园风格当中。《形影神三首》便是对佛家自欺欺人的人生态度的不屑，对那些高士故作姿态、强求超脱的不鄙。他的观点也许不够玄深高雅，但却是实在的人生体验，不加矫饰地表达，不回避落寞与失望，不图人崇羡其超绝尘世的孤心与远意。率真的陶渊明，比起粉饰和强求的周续之，不是潇洒得多吗？

堂弟早逝，祭弟敬远

岁在辛亥，月惟中秋，旬有九日，从弟敬远，卜辰云窆，永宁后土。感平生之游处，悲一往之不返。情恻恻以摧心，泪愍愍而盈眼。乃以园果时醪，祖其将行。呜呼哀哉！

——《祭从弟敬远文》节选

义熙七年（公元411年）年初，刘裕被封为当朝太守兼中书监一职。接受了职位的刘裕把刘穆之提携到太尉司马的位置，以便其帮助自己打理朝廷中的大小事务。这一年不仅朝廷中变动颇大，庐山也跟着热闹起来。

卢循带军打到浔阳时做了一件事，那就是亲自登上庐山拜见慧远法师。当时卢循已经是朝廷认定的逆贼，常人见其都退避三尺。可是慧远法师却不为所动，不仅亲自到半山迎接，而且对他礼待有加。此事传出后，慧远法师的名声更大。后刘裕来到浔阳，同样派人上庐山赠礼问候慧远法师，慧远法师也殷勤地回信谢礼，并回赠了亲自种植的云雾茶。

但是刘裕与卢循不同，卢循是慕名拜访，但是刘裕却是有目的的。刘裕听闻慧远法师有一批跟随他学习高深佛法的隐士，这些人虽然隐于山林，但却名声在外。于是刘裕想到，即便这些人不能被招揽到门下，只要做个客卿也可以装饰自己的门面，于是便先拜访了其师慧远法师。

随后，刘裕派人四处询问关于这些隐士的消息，得知这些人中最大的才子名叫刘遗民，于是刘裕就征召刘遗民为参军。刘遗民哪里会对刘裕的招揽动心，便以年事已高、体质虚弱为由拒绝了刘裕。虽然此事作罢，但是刘遗民的名声更大了。这时，“江左第一”的谢家大才子谢灵运再次来到庐山，这下庐山更热闹了，很多人慕名前来拜访两位高人。庐山一连热闹了好几天，只可惜这次的热闹场面中大家却再没有找到陶渊明的身影。

这时的陶渊明已经移居到南村，此后再也没有上过庐山。当陶渊明听说刘裕欲征召刘遗民为参军时，心里非常忐忑。其中有一丝对刘裕的恐惧，又想到此刻自己与刘遗民已经并称为“浔阳三隐”了，而且退隐后他闭门谢客，远离世俗，如果这次刘裕在刘遗民那里打探到关于自己的信息，岂不是要多出很多麻烦。然而，这一次

却是陶渊明自作多情了，当时刘裕心中虽然想到拉拢高人装饰自己，却没有想到陶渊明，而是把眼光放到了慧远法师这一世外高人及其弟子身上。

这年，陶渊明在惴惴不安中度过了半年的时间。这时，令他痛心疾首的事发生了——堂弟陶仲德突然暴病身亡。陶仲德与陶渊明的关系非常好，两兄弟虽然年龄差距很大，但是在很多事以及人生追求上都有着相同的观点。

收到噩耗后，陶渊明匆忙赶到堂弟家中，却见到陶仲德的妻子呆若木鸡地守在冰冷的尸体旁，怀中不满周岁的婴儿啼哭不停。陶渊明拉着躲在弟妹身后的大侄子搂入怀中，此时陶仲德的大儿子还不满十岁，哭红的眼睛中充满恐惧，低着头不敢看父亲的遗容。

八月的天气热得难耐，院中的树木虽然蓊蓊郁郁，但是风声、蝉声都好像一种凄厉嘶鸣、一种哀伤的曲调。陶渊明走到弟妹面前，却不知道该如何安抚，沉默许久后，只说出了一句话："节哀，一定要节哀。"

当日陶渊明回去后，抑郁的心情更加沉重，郁结的情感无法言表。陶渊明的一生可谓朋友多知己少，而堂弟陶仲德却是他为数不多的知己之一。虽然陶渊明比陶仲德大了很多，但是他最喜爱这个年纪最小的弟弟。陶仲德与陶渊明有很多的共同话题，两人的感情胜似亲兄弟。这也是为何陶渊明为此"情恻恻以摧心，泪愍愍而盈眼"的原因了。

夏天天气炎热，陶仲德的遗体不能停放太久。第二日，陶渊明一家过来帮忙料理陶仲德的后事，几天后陶仲德的棺椁在南山下那片陶家墓地里下葬了。当日霏霏细雨，阴云密布，道路泥泞不堪。陶仲德下葬后，陶渊明随亲人浑浑噩噩地往回走，半路上，悲痛过度的弟妹突然晕厥在地，而站在她身边的陶渊明此时正沉浸在悲伤的情绪中，没能及时反应过来扶住她。弟妹倒地后，怀中的婴儿一下子滚到路旁的泥浆中，口鼻瞬间被淤泥堵住，哭声都没了。家人赶紧跑到路边抱起孩子，用手抠出孩子嘴中的烂泥，孩子这才哇地一声哭出来。看着眼前发生的事，陶渊明的心情更加悲痛，与家人一起将弟妹送回家中后，心力交瘁的他独自回到屋中，倒在床上迷迷糊糊地睡了过去。

梦中陶渊明低吟不止：“弟弟怎么就这么走了？走的不应该是你啊，应该是我啊，你怎么就先走了呢？怎么走到我前面呢？”

半夜醒来，陶渊明坐在床边思考。母亲走了，妹妹走了，如今连最小的弟弟也都走了，陶家与自己最亲近的人都走了，如今剩下自己一人，这种感觉是如何地悲伤，是如何地凄凉。陶渊明又回忆起与陶仲德的往事：年轻的弟弟与自己脾气秉性十分相近，虽不是清心寡欲，但却从不计较世俗得失；而且爱好相同，琴棋书画、经典书籍都是这位堂弟的最爱，乃至兄弟两人的交友取向也十分相近，同样喜欢结交淡泊名利的士人……

但是陶仲德毕竟是走了，这已经是无法改变的事实。陶渊明当夜拨亮油灯，拈毫磨墨，在极其悲伤的情绪中挥下了《祭从弟敬远文》这篇祭文：

岁在辛亥，月惟中秋，旬有九日，从弟敬远，卜辰云窆，永宁后土。感平生之游处，悲一往之不返。情恻恻以摧心，泪愍愍而盈眼。乃以园果时醪，祖其将行。呜呼哀哉！

于铄吾弟，有操有概。孝发幼龄，友自天爱。少思寡欲，靡执靡介。后己先人，临财思惠。心遗得失，情不依世。其色能温，其言则厉。乐胜朋高，好是文艺。遥遥帝乡，爰感奇心。绝粒委务，考盘山阴。淙淙悬溜，暧暧荒林。晨采上药，夕闲素琴。曰仁者寿，窃独信之。如何斯言，徒能见欺。年甫过立，奄与世辞。长归蒿里，邈无还期。

惟我与尔，非但友亲，父则同生，母则从母。相及龆齿，并罹偏咎。斯情实深，斯爱实厚。念畴昔日，同房之欢。冬无缊褐，夏渴瓢箪。相将以道，相开以颜。岂不多乏，忽忘饥寒。余尝学仕，缠绵人事。流浪无成，惧负素志。敛策归来，尔知我意。常愿携手，寘彼众意。每忆有秋，我将其刈。与汝偕行，舫舟同济。三宿水滨，乐饮川界。静月登高，温风始逝。抚杯而言，物久人脆。奈何吾弟，先我离世。

事不可寻，思亦可及。日徂月流，寒暑代息。死生异方，存亡有域。候晨永归，指涂载陟。呱呱遗稚，未能正言。哀哀嫠人，礼仪孔闲。庭树如故，斋宇廓然。孰云敬远，何时复还？余惟人斯，昧兹近情。蓍龟有吉，制我祖行。王兆翩翩，执笔涕盈。神其有知，昭余忠诚。呜呼哀哉！

陶渊明把对陶仲德的所有情感都倾注在《祭从弟敬远文》中。这一首《祭从弟敬远文》可谓把两人的相处、相知、相惜写得淋漓尽致，其中也饱含了陶渊明无数的惋惜之情。

形影神现，追问人生

天地长不没，山川无改时。
草木得常理，霜露荣悴之。
谓人最灵智，独复不如兹。
适见在世中，奄去靡归期。
奚觉无一人，亲识岂相思。
但余平生物，举目情凄洏。
我无腾化术，必尔不复疑。
愿君取吾言，得酒莫苟辞。

——《形赠影》

慧远法师之所以闻名于世，不仅仅是因为他对佛经感悟深厚，其博学体现在当代学识的各个方面，而且他公开进行的法讲也不仅体现在佛经当中，其对《周易》、《老庄》等儒学经典也有独特的见解。每每慧远法师有公开的法讲，众多名人志士都会慕名而来，而且每一次他的观点都会让众人感悟颇多。

陶渊明就是慧远法师法讲的常客，归隐后的他虽然没有了对世俗的追求，但是慧远法师的讲课还是不会缺席的。

慧远法师虽然年事已高，但讲解佛学观点时声音依然洪亮，条理依然清晰，讲述过程中引经据典，妙趣横生，环环相扣，层层相映。慧远法师身上迸发的气势令陶渊明非常震惊，而且这种排山倒海般的气势与他所讲的“形尽神不灭”的观点也非常切合。

慧远法师讲到，人体的精神与形体不同，两者一内一外，虽然身在同体却为两物。精神与形体可以随时转化，也可以浑然为一，但是精神才是人体的主导，形体是为其次。形体随生命而终结，但是精神却不会，精神可以在冥冥之中扩散，在无形之中转化、流传。慧远法师还把这一观点进行了比喻，他把人体比作一个火把，精神是火把上燃烧的火焰，而形体就是火把中的木柴，火焰可以在木柴烧尽之前转移到另外的木柴上，但是木柴最后的结局只能是灰烬。所以说，精神才是永恒的，而形体却是有限的，形有尽而神不灭。

陶渊明与慧远法师深交甚久，而且平时来往的故友也全是慧远法师的崇拜者。几十年的耳濡目染使得陶渊明可以透彻地体会慧远法师的观点。然而，以前陶渊明对慧远法师却是不尽信的，这也是为何众多王公贵胄都对慧远法师顶礼膜拜时，陶渊明却独自摇头的原因。

此番陶渊明虽然感受到了慧远法师的惊人气势，并为之叹服，但是他本人对“形尽神不灭”之说还是不相信的。陶渊明想到，木柴最后的结局虽然是灰烬，火焰虽然可以互相传递，但是谁又见过离开木柴的火焰呢？火焰凭空是无法燃烧的，因此精神是离不开形体的。虽然慧远法师也提到了精神与形体是互相依附的，但是陶渊明却不相信精神离得开形体。正如此刻的他，睡着了、喝醉了，灵魂就可以出窍了吗？精神就可以发散了吗？当然不能。

陶渊明虽然持有不同意见，但是看着那些虔诚拜服在慧远法师座下的听客却并没有去反驳，而是独自坐到一边喝酒休息。

陶渊明此时想到的并不是什么远大的志向，他此刻只求保持着一生问心无愧的态度，坚守着清廉的节操，至于虚无缥缈的精神、理想，此刻对于他而言已然不重要。这次慧远法师讲的时间很长，讲完了“形尽神不灭”之说后，又请雷次宗与众人一起朗诵他写的《万佛影铭》。顿时，庐山之上“廓矣大象，理玄无名。体神入化，落影离形。回晖层岩，凝映虚亭，在阴不昧，处暗逾明，婉步蝉蜕，朝宗百灵，应不同方，迹绝而冥，茫茫荒宇，靡劝靡奖，淡虚写容，拂空传像，相具体微……”的诵经声回荡开来。

听到“体神入化，落影离形”这一句之时，陶渊明自嘲道：“神真的可以离开形吗？形影神明明为一体为何要分开呢？”他嘴里重复着“体神入化，落影离形”这句话，脑子里也开始琢磨形影神的观点。但是，一百多人的诵经声实在令他无心思考，而且他也感到自己与他人似乎格格不入，恰巧这时酒壶中的酒喝完了，最后一个令自己留下的理由也不在了，于是他蹑手蹑脚地离开座位，跑到儿子和门生面前小声说道：“好了，回家吧。”

众人一听不用再在这里听人诵经非常高兴，把陶渊明扶到篮舆里往家中赶去。回到家中，陶渊明还是忘不了慧远法师“形尽神不灭”之说，虽然脑中依然不认同这一观点，但是却好像有什么思想受到了干扰，苦苦不得安生。

陶渊明想到，佛教之人宣扬人死后精神不灭转而进入了因果轮回，从而产生了宇宙生命长生不老的法则，但是当前的现实根本不符合因果之说，轮回更像是虚无的空洞，但是为什么一些达人君子却可以从这些理论中获得参悟，从容地对待世俗甚至生死呢?慧远法师讲的形体、影子和精神之说真的是自己所想的样子吗？三者真的不能分开吗?

陶渊明开始对自己的思想产生怀疑，于是他干脆按照慧远法师“形尽神不灭”之说的思路开始思考，决定把形体、影子和精神三者分开对待，看看会是一种怎样的思想局面。可是想法虽然奇妙，但是却一时想不到任何结果，种种疑惑涌在心头却无法表达。

于是，陶渊明独自躲在屋中，时而提笔，时而顿足，酒壶一直未离开手中。这种状态一直持续到深夜，已经微醉的陶渊明倚靠在桌案边，看着桌上油灯的火焰不停跳动，心绪也已彻底乱成一团。这时的他头脑迷迷糊糊，不太清晰，对着灯光照出的影子说道：“影子啊，你是不是想对我的形体说些什么呢？”

形影可离，生不可言

存生不可言，卫生每苦拙。
诚愿游昆华，邈然兹道绝。
与子相遇来，未尝异悲悦。
憩荫若暂乖，止日终不别。
此同既难常，黯尔俱时灭。
身没名亦尽，念之五情热。
立善有遗爱，胡为不自竭？
酒云能消忧，方此讵不劣！

——《影答形》

微醺中的陶渊明对着自己的影子说道：“影子啊，影子，你可算是我最亲近的朋友了，从我出生到今日，你片刻未曾离开过我。

可你知道吗，天地可以永恒不变地存在，山川、河流可以多年保持恒久，甚至是花草树木都可以周而复始地开花凋落，然而人却不能。作为世间最聪明的动物，作为拥有着智慧和灵性的人，却充满了无尽的悲哀和恐惧，究竟是这个世界带给了我们恐惧呢，还是我们自己害怕这个世界呢？你能不能告诉我答案呢？”

“影子啊，此刻的我也只有你能全心全意陪伴了，对于这个世界而言，我好像已经不重要了，哪怕我现在死了，我想也不会有太多人在乎吧。恐怕只有陶家的亲人能感觉到，恐怕只有我的妻儿会哭泣、会悲伤。我知道人难免一死，既然我已经对世界不重要了，我为什么还要在乎世界对我的态度呢？不如每天多喝点酒，多做点想做的事，岂不活得快活悠哉？”

说完这段话，陶渊明蹲下来把手伸到地上，摸了摸自己的影子。随后他又站起来伸出一只手，这时他看到影子也随着他伸出了一只手，而且与他的手紧紧握在了一起，双手融为了一团虚影。陶渊明突然听到了影子的声音，影子对他说道：

“我的形体啊，从你出生到今日，我们一起成长，一起磨难，一起归隐，一起变老，你的心思我怎么会不知道呢？你我本就是一体，没有你就没有我，你受伤我也会感觉到疼痛，你我才是最亲密的人啊。

形体啊，我们不要去学那些世俗之人追寻什么长生之道、养生之法，与其为那些虚无缥缈的东西而筋疲力尽，不如此刻痛快地享受现在的生活。以前你从来没有在意过我，其实我们也有过分别，每当你走到阴影中时，我就会与你暂时分开，等你回到阳光中后，我会第一时间与你重逢，这代表我才是对你不离不弃的人，对你始终如一的人。

而且你说得对，每个人都难免一死，但是你死的时候，我会毫不犹豫地与你同去，一同陨灭。所以作为一个对你永久忠诚的人，我有几句话想劝你，我劝你竭尽全力保留自己的清廉操守，保留自己的善良德行，因为只有这些东西是我们能留给这个世界的不灭之物，而一些名声、虚荣也是你的另一种‘影子’，它们会和你一起消失。

现在的你闲暇时就喝点酒、写写诗，保持此刻最宝贵的东西，度过一生就可以了。”

听完影子的话，陶渊明默默地呆住了，两者静静地对视着对方，宁静中有了一丝默契。陶渊明随后叹了一口气：“是啊，就连生死我们都连接到一起了，我的烦恼和困惑还有什么是你不懂得呢？我还有什么要问的呢？”

可这时，陶渊明又激动起来，他突然大声地叫喊起来：“精神！精神，你快出来，来解开我的困惑，来消解我心中的忧愁啊！”

“小点声，别乱叫了，我在这儿了，你不要吵醒了陶家的其他人，如果他们醒了我就走了。”

“你在哪里？我怎么看不到你？”陶渊明看了看地上的影子，又环视了空空的房屋，问道。

“我当然在你心里，在你脑海里啊。影子离不开你的形体，我一样也离不开啊。离开你了，我是无法生存的。好了，你冷静一点，我现在帮你解答心中的疑惑。

这世间万物相生相替，生死循环都是遵循着一定规律的，万物之间存在着很多的共同点。但是你要明白，也许你可以说万物不具备精神，但是人却一定要具备，因为人活在这个世界上的一切活动，都是受到精神控制的。虽然我与你和影子的关系不同，因为你们是与生同来、相依相附的，但是我和你的关系却如同影子和你的关系一样，十分亲密。正如影子所说，离开你我也无法生存，既然我们三个都是生死与共的，我又会有什么隐瞒你呢？

我知道你的困惑是因为这个世界的不公，但是天下大不公本就不是你能左右的事，你又何必为此而苦恼呢？你想一想，古代有多少大圣人，即便他们再贤智，此刻不也化作黄土了吗？既然这个世界的大智大愚都埋在了一起，你此刻苦苦追寻答案又有什么意义呢？你每天酒醉终日，苦恼减少了吗？生死无谓了吗？这酒就是折寿的毒物，你又何必沉迷于此呢？

影子啊，你刚才说，保持行善的心，保持不染的魂就可以欣慰地度过一生，就可以留下不灭之物，但是又有谁会长久地赞扬你们的善举、你们的节操呢？把大部分的精力放在这上面，等于浪费生命。其实最好的生活方式就是顺其自然，随着天地造化、万物轮回推移运转，等到生死关头，自然就可以坦然面对了，欢喜、恐惧、解脱、不甘也就都无所谓了。就如同那些听禅之人，他们并不是在崇信慧远法师，而是在遵循着一种自然规律。所以说，形体啊，你和影子就不用再独自劳神愁苦了。”

听完精神的话，陶渊明突然清醒了。这时也是深夜，静悄悄的院中突然传来了一阵孩子的哭声，陶渊明知道这是小孙子半夜醒了，也正是这深夜中格外响亮的哭声，彻底激发了他的灵感。他站到桌案前，铺开宣纸，脑中回想着影子和精神的忠告，挥笔创作了《形影神》三首经典之作。

贵贱贤愚。莫不营营以惜生。斯甚惑焉。故极陈形影之苦。言神辨自然以释之。好事君子，共取其心焉。

陶渊明此时创作的《形影神》，已经不是单纯为了反驳慧远法师“形尽神不灭”的佛学观点了，而是通过酒醉时影子、精神对其的忠告而产生的一种人生感悟、一种哲理思考。也正因为如此，《形影神》成了后世的经典，其中的多种哲学思想令后人感悟颇深，获益良多。

遵循自然，万物皆善

大钧无私力，万理自森著。
人为三才中，岂不以我故！
与君虽异物，生而相依附。
结托既喜同，安得不相语！
三皇大圣人，今复在何处？
彭祖爱永年，欲留不得住。
老少同一死，贤愚无复数。
日醉或能忘，将非促龄具！
立善常所欣，谁当为汝誉？
甚念伤吾生，正宜委运去。
纵浪大化中，不喜亦不惧。
应尽便须尽，无复独多虑。

——《神释》

《形影神》的成功，并不是因为其中含有反驳慧远法师的“形尽神不灭”的观点，而主要是其提出了一个重要的人生哲理观点，就是上面提到的精神对形体道出的观点，即不要追求长生不老之术，不要执着于世俗功利，顺其自然，不喜不惧；独善其身其实并不能获得美好，坚守自己的节操也不一定可以完善自己的人格，而随流漂泊才能够获得最后的感悟。

很多人认为陶渊明是一个彻底的田园诗人，但是《形影神》彻底证明了这一观点的错误。田园诗词只不过是陶渊明人生感悟中的一部分，他对人生、哲理的思考不少于后世的任何一位诗人。其中，“形”代表陶渊明对个人的感悟，对自己一生的总结，对世俗的不甘，但是在看透之后又表现出了一种豁达；“影”代表他对身边事物的一种看待，环境、亲情、名利一切只不过是影子，虽然随形，也只能如影；神代表着他的一种人生态度，一种由内到外涌现的真知，在饮酒行乐之间，不忘政治，不忘世事，不忘他人的人生态度。

这三首诗如同陶渊明的三个分身，三者的一次对话也成就了陶渊明超凡脱俗、看破尘世的思想。其实关于形神的讨论在中国的历史上并不少见，从老庄哲学中《文子·下德》的“太上养神，其次养形”到《淮南子·原道训》中提到的“夫形者，生之舍也；气者，生之充也；神者，生之制也；一失位，则三者伤矣”，这些都是源于形神的人生思想。

而这些观点中，陶渊明的《形影神》可谓是经典中的经典，尤其是神释中阐述的观点：遵循自然，万物皆善。后人马墣在《陶诗本义》中评论道："渊明一生之心寓于《形影神》三诗之内，而迄莫有知之者，可叹也。"

《形影神》这组诗不仅体现了陶渊明个人的哲学观，而且对当时社会的政治思想、人文理念起到了重要的意义。《形影神》主旨提到人生之短暂，不如自然之永恒。当时太多人盲目追求长生之道，对生命的崇拜程度已经失去了理智，而《形影神》却点醒了这些人，长生与成仙之术追求的不过是苟活性命，最终获得解脱，然而世人中又有几人登上了极乐呢？并非众人心不诚，而是过于心诚，违背了自然伦理，自然脱离不了痛苦，而如陶渊明一般顺其自然、饮酒行乐才是一种真正的洒脱、真正的悠哉的生活。

《形赠影》一诗主要阐明了自然说观点，此诗为世人带来的影响是说明人生短暂，着力追求长生之术其实是一种生命的浪费，不如珍惜眼前的时光，快乐地生活。

《影答形》一诗则表明了陶渊明个人的观点。长生不可求，自然才是真理，生死无从，形影相依，形为人，影为名。人死则名灭，独善无法留久名。因此，这世间的名利其实都不重要，最后可以留下的只有精神，精神可以不朽，可以流传百世。

《神释》一诗深刻体现了陶渊明的自然说主张，其中也深刻批判了慧远法师的“形尽神不灭”观点。人就是自然中的一部分，根本无须追寻一些违反自然的常理，人不可与天地共寿，又何必为此而扰呢？

直至今日，还有很多陶学论著对《形影神》这组诗提出了不同的观点。有些人把《形影神》看作名实之辩、儒道之争，但是更多人还是赞同了陶渊明的自然之道。虽然《形影神》的动机起源的确与佛学观点之争有关系，但是其表述的观点却十分透彻、明晰。陶渊明在四十岁那年所做的《归去来兮辞·并序》中，其实已经透露出这种自然说的观点。

余家贫，耕植不足以自给。幼稚盈室，瓶无储粟，生生所资，未见其术。亲故多劝余为长吏，脱然有怀，求之靡途。会有四方之事，诸侯以惠爱为德，家叔以余贫苦，遂见用于小邑。于时风波未静，心惮远役。彭泽去家百里，公田之利，足以为酒，故便求之。及少日，眷然有归欤之情。何则？质性自然，非矫厉所得。饥冻虽切，违己交病。尝从人事，皆口腹自役。于是怅然慷慨，深愧平生之志。犹望一稔，当敛裳宵逝。寻程氏妹丧于武昌，情在骏奔，自免去职。仲秋至冬，在官八十余日。因事顺心，命篇曰《归去来兮》。乙巳岁十一月也。

从这一段序言中其实可以看出陶渊明对世俗的反抗之心已经淡然，而忧心的只是一些如何逃离世俗烦扰的思想。可以说从这一年起，陶渊明就已经过上了“自然说”的生活，只不过他还没有发觉罢了。

过上这种生活的陶渊明看似依然忧郁，但实则悠哉，这些年中他生活得并不沉重，只不过无法得志的遗憾对其的困扰仍旧不断。直到他创作了《形影神》之后才彻底看开一切，也彻底过上了豁达的生活。因此，《形影神》提出的自然观点、人生哲理在陶渊明自己身上就已经得到了印证。

第十卷

易代悲歌，失君亡国之叹

值此朝代更替之际，陶渊明的心情极为复杂。作为曾经入仕东晋的旧吏，他有失君亡国的悲哀和屈辱，无论东晋王朝多么令他失望，他毕竟曾经是其中一员。而且，新朝还会给芸芸众生带来什么样的祸患，还会给他这样一个颇有名气的文人带来什么样的烦扰，也是难以预料的。再者，作为一个垂垂老矣的贫士，晚景凄凉，前途黯淡，行将就木，一切都成云烟，改朝换代所触发的，更是自身一生失意、潦倒不堪的慨叹。

生活困顿，不恋仕途

畴昔家上京，六载去还归。
今日始复来，恻怆多所悲。
阡陌不移旧，邑屋或时非。
履历周故居，邻老罕复遗。
步步寻往迹，有处特依依。
流幻百年中，寒暑日相推。
常恐大化尽，气力不及衰。
拨置且莫念，一觞聊可挥。

——《还旧居》

大约在义熙十三年（公元417年），也就是陶渊明五十二岁左右的时候，此时已经非常贫困的他经过旧居柴桑。最初陶渊明居住于此，后来大约在四十一岁的时候离开这里，移居上京。在上京居住了几年之后，他又搬离了此地。陶渊明居住在上京的时候，经常会回柴桑，所以他在诗中说“畴昔家上京，六载去还归”。可是从上京搬走之后，他很多年都没有再去过柴桑。这一次，他回到阔别已久的故地，看到故居以及整个柴桑已经物是人非，心中顿时萌生一种沧桑之感。而在万千的感慨之中，他逐渐感觉到岁月易逝、人生无常，于是在这种情况下写下了这首凄凉哀怨的《还旧居》。

在诗歌中，陶渊明表达自己已经有很多年没有来过这里，此次重回故地，一种凄凉和哀痛陡然而生。当年的田地虽然模样未变，但一些村舍却已面目全非，自己在故居中走了一遍，发现认识的人已是少之又少。看到这种情况，陶渊明想起了当年自己在这里生活的场景，于是感叹人生的飘荡和变幻，寒来暑往中岁月并不会停止。此时的他非常悲伤，感叹岁月流逝，索性放开所有的事情，现在姑且喝上一杯。

陶渊明在诗歌中展现了故居的破败，而正是这种破败景象让他非常清醒，他也感叹了自己生活的穷困，以及自然灾害对自己造成的影响。

陶渊明被人们称为“隐逸诗人之宗”，而他的隐逸生活显然面临着贫困的现状。即便这样，他还是愿意接受这种生活的洗礼，终不愿意再次入仕。虽然生活不如意，但是他在隐逸中形成的文学风格对后人有很大的影响。在这段时期，他所形成的文化风格有三个特点：柔、淡、远。陶渊明开创了田园诗的体系，使中国古典诗歌达到了一个全新的境界。古往今来，很多人都喜欢陶渊明的这种固守寒庐、寄意田园、超凡脱俗的人生哲学，以及他淡薄渺远、恬静自然、无与伦比的艺术风格。也有不少人在分析完陶渊明的诗歌之后，开始探讨其归隐田园的真正原因。

陶渊明自始至终都不想做官吗？不！

少年时期的陶渊明接受的是传统儒家教育，从小便有兼济天下的志向。可是当时的社会存在着严苛的门阀制度，庶族和寒门出生的人没有机会挑战门阀士族对高官权位的垄断，更不要说打破这种情况。陶渊明固然有一腔热血和远大的抱负，但是他的梦想却很难实现，他的理想也会随着时间的推移，在世俗面前支离破碎。

陶渊明二十九岁左右才得到了自己人生中的第一个官职，对于古代的官员来说这已经算是“高龄”了，而终其一生，他所担任的无非是祭酒、参军、县丞一类的芝麻小官，这种官职不但不能帮助他实现理想，施展自己的抱负，反而需要放下自己的理想和其他政坛人员以及自己的上司虚与委蛇。到十年之后的三十九岁，多年的经历使得他的思想发生了很大的改变，他愿意接受躬耕的生活，从而自给自足。在这种躬耕生活中，其可以享受宁静和淡泊。之后，他还担任过彭泽县令，但是不愿意为了五斗米折腰的他，在上任八十一天之后索性解印挂职而去，也正是从这个时候开始，他结束了自己的仕途生涯，告别了这种没有意义的彷徨，义无反顾地选择了归隐田园的人生。

伤时感事，心有寄托

余闲居，爱重九之名。秋菊盈园，而持醪靡由，空服九华，寄怀于言。

世短意常多，斯人乐久生。

日月依辰至，举俗爱其名。

露凄暄风息，气澈天象明。

往燕无遗影，来雁有余声。

酒能祛百虑，菊解制颓龄。

如何蓬庐士，空视时运倾！

尘爵耻虚罍，寒华徒自荣。

敛襟独闲谣，缅焉起深情。

栖迟固多娱，淹留岂无成。

——《九日闲居》并序

虽然退出仕途、隐居山林之后的陶渊明生活窘迫，时常需要朋友周济，但是他在这段时间忘却了人生的得失，怡然自乐。某年九月九日重阳节，虽然宅边的菊花开得很好，但是因为家贫无钱买酒，陶渊明一个人在菊花丛中独坐了好久，就在惆怅的时候，忽然担任江州刺史的朋友王宏派人送来了酒。陶渊明也是性情中人，丝毫不做推辞，饮则醉，醉则归，不拘礼仪，颓然自放，表现了他不受拘束、纯任自然的天性。

而这首诗正是配合这样的境况而作，当时是义熙十四年（公元418年），当时的陶渊明已经五十多岁了。

在中国古代，很多地方的重阳节都有饮菊花酒的风俗，据说这样可以延年益寿。《西京杂记》中就讲道："九月九日，佩茱萸，食蓬饵，饮菊花酒，令人长寿。"对于陶渊明这样一个生活窘迫的人来说，这一年的重阳节应该是缺少菊花酒的，虽然他在宅边种植了很多菊花，而且此时各种颜色的菊花争竞开放，但苦于无酒，他只能若有所思地看着菊花。在古人的眼中，菊花象征着高雅而有节气，因为它在众花凋落的秋天开放，无论是屈原的"夕餐秋菊之落英"，还是后来人的吟菊之作均体现了菊花的这种气质，同时也表达了诗人的无限感慨。

在陶渊明的这首诗中，通过"世短意常多，斯人乐久生。日月依辰至，举俗爱其名"几句诗词，一方面解释了重阳节，另外一方面也在感叹自己的人生。人生在世不过是白驹过隙，本就是一个非常短暂的过程，所以很多人会产生各种各样的忧虑，同时也有更多的人渴望能够长寿永生。重阳节每年只有一次，而人们之所以喜欢这个节日，一方面就是因为“九”和“久”同音，这也体现了人们对长生不老的渴望。陶渊明又何尝不是，但是此时的他已经看淡了得失，更喜欢这种隐居的生活。陶渊明的这首诗将景色和抒情融合在一起，展现了其诗歌的特色，而诗中有些句子凝练而新异，展现了其对文字的驾驭能力。比如“世短意常多”、“日月依辰至”及“酒能祛百虑，菊解制颓龄”虽然均为陈述的句子，但却遒劲新巧，词简意丰，让人们在感受意境美的同时，领略到了陶渊明驾驭文字的能力。

虽然生活非常窘迫，但是陶渊明丝毫不放过任何赞叹美景的机会，就在这菊花丛中独坐的重阳节，虽然感叹自己有菊花而没有酒，但是眼前的美景良辰他也丝毫不愿意辜负。露水凄清，暖风已止，秋高气爽，天象清明，从北方飞来的大雁在空中盘旋。在陶渊明的眼中，酒水能够祛除自己内心的烦恼和不得志，而菊花又能够抑制人的衰老，从而感叹自己这样穷困的隐士只能看着重阳佳节就这样白白过去。诗歌中也描写了这样一幅天气晴朗的深秋景象，但是这种美景却改变不了他生活的潦倒，两者做了一个很好的对比：在宅边开放着的菊花正好衬托出陶渊明心中的苦闷，他不愿意这种良辰美景就这样白白浪费，但又没有一点办法。

隐居之后的陶渊明虽然生活怡然自得，但是内心依旧满怀忧虑，虽然他渴望这种山林之间的快乐，可是面对自己的一无所成，不免有些感叹。他在这段时期不仅会感叹人生苦短，同时也对一个人的价值进行了重新审视。大多数时候，陶渊明无酒可饮，但这并不是他落寞的根本原因，在他的内心深处有更大的悲痛，而这种悲痛正是对人生的思考，以及对自身价值的探求。

陶渊明这个时期的情感在这首诗中展露出了一些，难怪清朝人延君寿在《老生常谈》中讲道："《九日闲居》一首，上面平平叙下，至末幅'敛襟独闲谣，缅焉起深情'，忽作一折笔以顿挫之，以下二句'栖迟固多娱，淹留岂无成'，以一意作两层收束，开后人无数法门。"这首一气呵成的诗歌主旨好像是为了展现人生短促而自己却不能够及时行乐，白白辜负了这大好时光，但是"淹留岂无成"一句又翻出了其他的意思。

或许这个时候的陶渊明心中还有着其他苦闷，或许有着晋宋易代的悲愤，他的内心深处眷恋着前朝，并且有志于恢复王室之事。"空视时运倾"就是对时事颠覆的感叹，而无论时事怎样颠覆，他都固守自己的一份心和愿望，甚至在内心深处暗藏着一颗复国的种子。

历史上对这段时期的陶渊明研究颇多，很多人认为陶渊明也有着感时伤事的情怀，龚自珍在《己亥杂诗》中也讲道："莫信诗人竟平淡，二分《梁甫》一分《骚》。"

陶渊明是一个感时伤事的人，他的心中始终有所寄托，他对政治和生命两个方面的认识在这段时期有了全新的诠释。鲁迅在《魏晋风度及文章与药及酒之关系》中评价陶渊明说：“于朝政还是留心，也不能忘掉‘死’，这是他诗文中时时提起的。”

神鬼莫近，精神巨人

风雨纵横至，收敛不盈廛。

夏日长抱饥，寒夜无被眠。

造夕思鸡鸣，及晨愿乌迁。

在己何怨天，离忧凄目前。

吁嗟身后名，于我若浮烟。

慷慨独悲歌，钟期信为贤。

——《怨诗楚调示庞主簿邓治中》节选

晚年的陶渊明虽然内心世界是充实的，但是其本身却在经历着忍饥挨饿、无法维持的窘境，甚至到了“夏日长抱饥，寒夜无被眠”以及被冻得“造夕思鸡鸣”的境地。晚上因为太冷而期盼着天早点亮起来，而白天又希望能够早点到晚上，精神上的巨人在面对现实的挑战时，无形中多了几分凄楚。这首《怨诗楚调示庞主簿邓治中》充分反映了陶渊明的这种困苦生活。

最初归隐山林，陶渊明虽然家境不是很富裕，但还算得上小康家庭，起码没有到忍饥挨冻的境地，当时其居住条件是“方宅十余亩，草屋八九间。榆柳荫后园，桃李罗堂前”，而饮食情况是“园蔬有余滋，旧谷犹储今”，“春秫作美酒，酒熟吾自斟”。但是好景不长，一场大火断送了他所有的家产，从此之后他的生活就变得窘迫起来。在此之前陶渊明参与劳动更多的是一种具有观赏性的闲情逸致，现在他参与劳动完全是为了维持生活。

晚年的陶渊明不仅对社会现实大为不满，而且对天道、鬼神都发起牢骚。他讲道：“天道幽且远，鬼神茫昧然”，他以自己的经历告诉人们这些都是骗人的，而在谈到这个问题时，他的情绪也非常激动。当然，表面上他是在指责天道和鬼神，实际上则是将批判的矛头指向了当时黑暗的社会，指向了那个掌握着所有人命运的腐朽政治集团。此时，陶渊明的心境和他刚刚归隐山林的“乐天知命”、“安贫乐道”的态度大为不同。

当然，这个时期的陶渊明思想是坚定的，不管自己再怎么穷，也不会去做官。虽然此时的他满腹牢骚，但是他也不愿意放下身段和黑暗的统治阶级同流合污。他蔑视政坛中那些追名逐利的人和行为，他不断发牢骚，不断表现出自己对当时政治的不满，同时也不断强调自己坚守的态度，至少在精神世界上陶渊明有足够的资本骄傲和自豪。

在中国两千多年的封建社会中，能够拒绝与黑暗政坛合作、蔑视功名利禄、放弃荣华富贵、安心于山水田园的人很多，但是能够忍饥挨冻、到了“饥来驱我去，不知竟何之。行行至斯里，叩门拙言辞”的境地也不愿意入仕的人就少之又少了，恐怕除了倔强的陶渊明之外，再也找不到第二个了。晚年的陶渊明更加真实，而其骨气更加感人。

陶渊明的诗歌一贯展现自己的真情实感，他快乐的时候就展现快乐，苦闷的时候就表达苦闷，此时的他将自己的牢骚丝毫不做掩饰，语言浅近、凝练、生动、准确，比如“夏日长抱饥，寒夜无被眠。造夕思鸡鸣，及晨愿乌迁”，这种在寒冷的冬夜中渴盼天快些亮起来，太阳早些出来；忍受饥饿的人在夏日的长昼中渴望天黑，以为躺在床上就不会感觉到饥饿的心情，恐怕只有经历过的人才能够写得出来。

在汉代乐府《相和歌》中有《楚调曲》，《楚调曲》中有《怨诗》一题，陶渊明仿照了这种样式给自己的朋友庞主簿和邓治中写了这首诗，在这里主簿和治中都是官职，庞主簿指庞遵，邓治中其人不详。

诗中，陶渊明从自己的艰难遭遇出发，对自古以来的天道鬼神之说大胆进行怀疑；他表达自己在刚刚成人的时候就希望能够做好事，可是到了现在都五十多岁了，自己的遭遇又如何呢？弱冠年纪，世道乱离，苻坚南侵；三十岁左右，家门不幸，妻子撒手人寰；之后又经历了天灾人祸、气候反常，先是荒旱不已，螟蜮丛生；接着又是狂风暴雨，铺天盖地，从而没有多少收成，所以自己只能忍饥挨冻。现在自己的经济条件已经陷入了低谷，所以看到这种现实情况，陶渊明认为根本就没有“福善祸淫”的天道鬼神。而他也表达了自己之所以陷入这样的穷困境地，怪不了别人，不是什么天命或者人为导致的结果，都是自己一手造成的。历代圣贤总是劝诫世人要立德、立功、立言，但是在陶渊明的眼中这些都无足轻重，此时的他没有奢求，能够拥有像钟子期这样的朋友就已经足够欣慰和自豪了。

关心时局，刘裕建宋

市朝凄旧人，骤骥感悲泉。
明旦非今日，岁暮余何言！
素颜敛光润，白发一已繁。
阔哉秦穆谈，旅力岂未愆！
向夕长风起，寒云没西山。
冽冽气遂严，纷纷飞鸟还。
民生鲜长在，矧伊愁苦缠。
屡阙清酤至，无以乐当年。
穷通靡攸虑，憔悴由化迁。
抚己有深怀，履运增慨然。

——《岁暮和张常侍》

义熙十四年（公元418年），这一年对陶渊明来说有十分重大的意义，而这一年对于陶渊明所处的时代来说，也是一个需要注意的年份。

公元418年，刘裕杀死晋安帝，立晋恭帝。

刘裕是兖州刺史谢玄统辖的“北府兵”的著名将领。从桓玄叛晋称楚帝开始，他一直挟持着晋安帝，使建康晋宫中一度无主。在这段时期，刘裕一方面积极和群臣讨论讨伐桓玄的计策，一方面不断扩张自己的势力和权力。等到桓玄篡位成功之后，居守留台石头城的晋司徒王谧背叛桓玄，刘裕力保之，之后其推举刘裕为扬州刺史，主领扬州军事，此时刘裕并没有接受这个官职，而是让王谧去做扬州刺史，领司徒兼官侍中。王谧只好又推举他为都督扬、徐、兖、豫、青、冀、幽、并八州，领徐州刺史，此正合刘裕心意，于是便接受了这个任命。

桓玄叛晋篡位大概半年的时间，刘裕就将其击败，并将晋安帝迎回建康府中，此时的刘裕自恃功高，也有了篡位之心。晋安帝复位之后，为了奖励刘裕恢复晋朝天下的功劳，提拔他为侍中，兼车骑将军，都督中外诸军事，领青徐二州刺史。可是刘裕对此并不满意，于是晋安帝又给他加了录尚书事一职，没想到刘裕还是不满意，甚至要请调外镇。万般无奈的晋安帝只好授刘裕为都督荆、司、梁、益、宁、秦、雍、凉八州军事，加上之前的扬、徐、兖、豫、青、冀、幽、并八州，总共十六州都督，驻守京口，此时刘裕才肯受职，而这样一来，晋朝一半的江山已经在刘裕的手中，刘裕也开始把持朝政，为自己的篡位打下基础。

晋安帝本身非常懦弱，他在位的时间里基本上一直是刘裕的傀儡和摆设，所有的权力都掌控在刘裕手中。在逐渐稳固了自己的势力之后，刘裕将晋安帝活活勒死。之后，他隐瞒了晋安帝被杀的真相，封锁了死讯，只说晋安帝暴崩，后又假传遗诏，拥立司马德文也就是晋恭帝继位。此时刘裕没有着急篡位，而是假借晋恭帝之手为自己封官进爵。晋恭帝继位之后，封刘裕为宋王，移镇寿阳。刘裕想要获得高爵的想法变成了现实。

两年之后，刘裕认为篡位时机成熟，火速从寿阳赶到建康，命傅亮自书草诏，逼恭帝照稿抄录，使得晋恭帝禅位，之后又将晋恭帝掩死被中。刘裕篡位成功，代晋建宋。

公元 418 年十二月，刘裕勒死晋安帝、立晋恭帝的消息传到浔阳。张常侍和陶渊明谈到这件事情，虽然他们已经见惯了这种篡位之举，但是不免有一种悲伤，纷纷表达了自己的不平。已经衰老的陶渊明站在寒风凛冽之中，对眼下的世界失望至极，面对满目苍凉，他已经悲愤到了极致，于是将一首含恨的诗歌写到纸上。

虽然这个时候的陶渊明已经归隐山林，但还是时刻关心着时局变化，可以看出他一方面追求恬淡、安适的生活，另外一方面还具有强烈的人文情怀，而他还有一些在政坛中往来的朋友，所以根本无法彻底躲避尘世。

真实洒脱，怡然自得

今日天气佳，清吹与鸣弹。
感彼柏下人，安得不为欢？
清歌散新声，绿酒开芳颜。
未知明日事，余襟良已殚。

——《诸人共游周家墓柏下》

很多人会认为归隐之初的陶渊明是不得志的，是不快乐的，因为他心系着朝堂的情况，记挂着国家的衰亡，尤其还在为自己的窘困生活而做努力。但事实上并不是这样的，此时的陶渊明是洒脱的，他已经忘却了得失，甚至于对人间世事已经顿悟。此时的他是一个真正的隐者，甘愿忍饥受冻也要坚持隐居下去的真正隐者。

这段时期的陶渊明，他的心灵世界是快活的，无论是前文讲到的在重阳节时无酒赏花的情景，还是本节提到的与诸友人游历的经过，无一不展现着一个洒脱隐者应有的品质。

陶渊明归隐之后，身边有好几位很不错的朋友。根据《晋书·陶潜传》中记载，“既绝州郡觐谒，其乡亲张野及周旋人羊松龄、庞遵等，或有酒要之”，当时的陶渊明时常和张野、羊松龄、庞遵等人在一起饮酒作对、游山玩水，或许和他们在一起的时候，陶渊明就能忘记生活中的窘迫，以及自己在政治上的不得志，此时的他是快乐的。

陶渊明和诸位友人在游历时曾经去过一个叫“周家墓”的地方。根据《晋书·周访传》的记载，周访居住在浔阳，当时陶渊明的曾祖父陶侃与之关系很好，周访还将自己的女儿嫁给了陶侃的儿子。在历史上关于周家墓有过一段有趣的故事，“陶侃微时，丁艰，将葬，家中忽失牛而不知所在，遇一老父，谓曰：‘前冈见一牛眠山污中，其地若葬，位极人臣矣。’又指一山云：‘此亦其次，当出二千石。’言讫不见。侃寻牛得之，因葬其处，以所指别山与访。访父死，葬焉，果为刺史，著称宁、益，自访以下，三世为益州四十一年，如其言云。”当然这些说法只是历史中的记载，我们无从判断其真假，且将此作为一种参考，来推断归隐之后的陶渊明有着自己的快乐，真正做到了忘却得失。

《诸人共游周家墓柏下》这首诗就是陶渊明和诸位好友一起游历时所作，虽然篇幅非常简短，内容也很平淡，但还是得到了后世的重视和赞誉，自然有不同的地方。

陶渊明在创作这首诗的时候没有任何矫揉造作，刚开始就通过“今日天气佳，清吹与鸣弹”、“清歌散新声，绿酒开芳颜”几句诗词写到在一个天气晴朗的日子里，他约上了几个好友一块出游，凡是景色美好的地方都能够留下他们吹管乐和弹奏弦乐器的声音，这些都是非常普通的活动，本没有什么吸引人之处，只是表达了诗人怡然自得、陶醉于山野的性情，而诗歌中的语言也表现得非常平淡，丝毫没有刻意修饰的感觉，完全是诗人自己的真切感受。

而本诗同样有着不平凡的地方，因为陶渊明和众人所处的地方是周家墓的柏树下，这里本应引人伤感，所以在这种地方“为欢”完全不合常理，要么是完全麻木不仁的庸夫俗子，要么就是胸怀坦荡、消除了对死亡畏惧的世外高人了。显然陶渊明并不是一个麻木不仁的人，他根据当时时事的变化以及自己所处的情况，从而有了“未知明日事”的感慨。在这种情况下，陶渊明还能够“为欢”，且还能够做到“余襟良已殚”，将胸中所有的积郁全部消除，这让人们看到了一个不平凡的、洒脱的、超然物外的陶渊明。

其实陶渊明一生本就是一个看淡了生死的人，尤其是在归隐田园之后，他的很多诗歌中都体现了这一点，比如《连雨独饮》：“运生会归尽，终古谓之然。”《五月旦作和戴主簿》：“既来孰不去？人理固有终。”《神释》：“老少同一死，贤愚无复数。”“纵浪大化中，不喜亦不惧。应尽便须尽，无复独多虑。”《挽歌》：

“死去何所道，托体同山阿。”《归去来兮辞》：“聊乘化以归尽，乐夫天命复奚疑。”而陶渊明的这种处世态度显然高出那些士大夫很多，当时很多人渴望永生，希望自己的生命和荣华富贵能够不灭，但这又怎么可能呢？在陶渊明的面前，无论是生命还是荣华富贵，他都早已经看透了。

无论是陶渊明的生活态度，还是他在这种生活态度下所作的诗歌，无一不得到后世的赞扬。就这首诗歌而言，黄文焕在《陶诗析义》中评价道：“‘未知明日事，余襟良已殚。’结得渊然。必欲知而后殚，世缘安得了时？未知已殚，以不了了之，直截爽快。”邱嘉穗在《东山草堂》中评价道：“此诗尽翻丘墓生悲旧案，末二句益见素位之乐，虽曾点胸襟，不过尔尔。”蒋薰在《陶渊明诗集》中，专门对此诗评价道：“通首言游乐，只第三句一点周墓，何等活动简便。着俗手，则下许多感慨语，自谓洒脱，翻成粘滞。”王夫之在《古诗评选》中评价道：“‘余襟良已殚’五字为风雅砥柱。”

我们可以想象，一个饿着肚子、忍受着寒冷的陶渊明在窘迫的情况下，依然保持着一种很高的姿态，生活的压力丝毫不能改变其怡然自得的本性，而这种情况更加造就了其忘却得失的生活态度。

第十一卷

更名明志，贤者避世隐居

陶渊明甘愿放弃一切，躲避到山林之中，过着普通的躬耕生活。晋宋易代之后，他更名为“潜”，表达自己的意愿。陶潜希望自己的心灵能摆脱亡国亡君之苦，就幻想出一个无君无臣的理想社会，一个平等仁爱的乌托邦。在他的心中永远驻守着一个叫作“桃花源”的人间仙境，桃花源就像一面镜子，以它和平富足的美好图景，洞鉴了那个时代战乱纷争、权利倾轧的的黑暗现实；桃花源就像一只火炬，以它灿烂夺目的理想光辉，反照出那个世道充满剥削压迫的罪恶本质。

晋民渊明，宋人陶潜

秋日凄且厉，百卉具已腓。

爰以履霜节，登高饯将归。

寒气冒山泽，游云倏无依。

洲渚四缅邈，风水互乖违。

瞻夕欣良讌，离言聿云悲。

晨鸟暮来还，悬车敛馀辉。

逝止判殊路，旋驾怅迟迟。

目送回舟远，情随万化遗。

——《于王抚军座送客》

刘裕掌权已二十年，篡位的野心已经无法按捺，当时他已经是五十七岁的老人，时间已经不能让他再等下去了。于是他让朝廷给自己加了一些特殊的礼遇，让自己的王太妃进号为“太后”，让自己的儿子也进号为“太子”，现在就只剩下自己的一个“皇帝”称号了。其实他的这些做法就是给大臣们一个暗示，希望大臣们能够劝晋恭帝禅位。

公元420年六月十四日，刘裕正式坐上心仪已久的皇位，成为历史上的宋武帝。他为自己举办了隆重的登基大典，戍守各地的大臣们也都纷纷进贡朝贺。

刘裕篡位的消息，是陶潜的儿子陶佟带给他的。卖鱼回来的陶佟讲了这个消息，陶潜并没有捶胸顿足，也没有一滴眼泪，只是轻轻答应了一声，然后在之后的几天时间里都没有说话，每天只是静静躺在床榻上，眼睛盯着天窗。无论是儿子、儿媳还是翟夫人，都没有去劝他，大家都知道他心里非常难受。

之后，翟夫人让小儿子陶佟找来了陶份和陶佚，他们几人在一起想出了一些不错的主意，一是再也不提晋宋易代的事情；二是买一些好酒，陶潜一生喜好喝酒；三是让所有的孩子都过来，陪伴陶渊明一段时间。

显然这些做法都奏效了，慢慢地，陶潜的情绪好了起来，虽然他还是不怎么说话，人也有点恍惚，但是较前几日已经好了很多。之后，当陶潜想要将最小的孙子抱起来的时候，却没有成功，这件事情让这个已经隐居了的老人有了很大的震动，他知道此时自己因为抑郁再加上连日没有正常饮食，身体已变得非常虚弱，于是他开始认真吃饭，而且饭量增加了不少，之后还表示要去扫墓。

第二天，陶潜一家老小浩浩荡荡地来到了南山脚下的陶家墓地。陶潜执意要亲自清扫墓道，扫完之后又一块一块地擦洗墓碑，每一块墓碑上面都有一个“晋”字。就这样，他一直忙碌到晌午，然后摆上了一些祭祀用品，此时的陶潜已经控制不住自己的眼泪，老泪纵横。

等到晚上回到家中，陶潜对自己的儿子和儿媳们说：“你们现在要记住，先朝的那个陶渊明已经死了，现在你们的父亲叫作陶潜，是潜心笃志的‘潜’。”而陶潜的这一做法是在表明自己忠于晋室，更不会担任宋朝官员的决心。

这天晚上，陶潜想要写一首抒发心中悲痛的诗，但是他心乱如麻，什么都没有写出来，只能颓然卧倒在床榻之上。

这一年秋天的时候，王弘送西阳太守庾登之回京都，送豫章太守谢瞻赴任，在湓口南楼饯行的时候，他邀请了陶潜。在这次宴会上，三十八九岁的谢瞻给陶潜留下了很深的影响，这是一个面容苍白的人，在整个宴会中都紧锁着眉头。王弘本想送给他一些名贵的药材，但是都被他谢绝了，他说：“生不必喜，死不必悲，延医问药，自寻烦恼。我死不足惜，日后王大人如能念及旧谊，眷顾我谢家门户，就感激不尽了。”

谢瞻是谢玄的孙子，而他的堂叔谢澹在之前主持了刘裕的受禅仪式，并且亲自将象征着皇权的玺绶从晋安帝身上解下来，佩带到刘裕身上。谢澹被刘裕封为光禄大夫，官居极品；而他的弟弟谢晦现在担任侍中，掌管着朝廷的机要之事，是刘裕的心腹死党。本来谢家已经非常辉煌，但没有想到这位谢家子孙却甘愿等死。

这一天，陶潜和其他三人俯瞰长江，遥望庐山，席间即兴吟诗，陶潜就吟出了《于王抚军座送客》，显然这首诗超出了其他人的作品。

在诗中，陶潜写道：今年的秋天格外肃杀和凄凉，花草和树木都早早凋零了。这个宋王朝的第一个秋天，在陶潜的眼中是格外凄寒的，因为它残杀了很多的生灵。

看到缕缕寒气从山涧中溢出，云彩被风吹散，陶潜感到孤苦无依，而水中的洲渚又能寄托多少遐思呢？水中掀起了涟漪，眺望着日暮时分的山水之色，耳边传来丰盛的晚宴过后相互之间说着的送别话语，陶潜不免感到一种哀伤和凄寒。我们不妨认为陶潜的秋天是豁达和开朗的，而他的秋天则是非常悲戚的。

陶潜和其他三个人走的是完全不同的道路，虽然生活非常贫寒，但是他不用提心吊胆地在刀光剑影、尔虞我诈下生活。比起谢瞻来说，他幸运多了，谢瞻需要面对整个谢氏家族的命运和责任，他需要保证这艘大船不出任何问题，但是弟弟谢晦和自己的想法完全不一样，所以万般无奈的他只能选择逃避责任的死亡。

第二年春天，谢瞻在建康于祖上世代居住的乌衣巷病世。果然五年之后，谢晦身败名裂，谢家的子弟中有八个受到牵连而被杀头，而将他们置于死地的就是当年为谢瞻送别的王弘兄弟。

述酒言事，悲欢几何

重离照南陆，鸣鸟声相闻。

秋草虽未黄，融风久已分。

素砾皛修渚，南岳无馀云。

豫章抗高门，重华固灵坟。

流泪抱中叹，倾耳听司晨。

神州献嘉粟，西灵为我驯。

诸梁董师旅，芊胜丧其身。

山阳归下国，成名犹不勤。

卜生善斯牧，安乐不为君。

平王去旧京，峡中纳遗薰。

双陵甫云育，三趾显奇文。

王子爱清吹，日中翔河汾。

朱公练九齿，闲居离世纷。

峨峨西岭内，偃息常所亲。

天容自永固，彭殇非等伦。

——《述酒》

公元 421 年六月，宋武帝派张伟带着毒酒去毒死司马德文。张伟曾经在司马德文身边做过郎中令，当张伟接受这个命令之后就长叹道："毒死之前的皇帝，换来自己的生命，这是奇耻大辱，还不如死了算了。"说完之后他就将毒酒一饮而尽，当他跨进家门的时候因毒性发作而死，也正是因此司马德文才得以多活了一段日子。

司马德文的王妃是褚遂氏，她哥哥太常卿褚秀之和侍中褚淡之都是刘裕的亲信，之前司马德文凡是有孩子诞生，刘裕就会让他们二人将孩子害死，从而断绝司马家族的后代。司马德文退位之后，担心自己会被此二人害死，所以整天和褚妃待在一起，并由褚妃亲自动手烧饭，这样就可以避免别人下毒手了。

这一年九月，刘裕让褚淡之等人去探望褚妃，褚妃在其他房间接待了哥哥，而其他的武士则从墙头爬进了司马德文的卧室，逼迫他喝下毒酒。司马德文拼死不从，他说自己是信佛的，在佛教的规矩中自杀的人是不能够托生为人的，武士们也看其可怜，于是用棉被捂死了这位前朝皇帝。

晋安帝司马德宗是被勒死的，晋恭帝司马德文是被捂死的，但是这种宫廷中的内幕民间根本无人知道。在民间流传的说法中，两位都是被毒酒毒死的。陶潜也是专门写了这首《述酒》来悼念这两位皇帝。为了躲避宋王朝的追查和迫害，陶潜的诗歌写得非常隐晦。

在这首诗的标题旁有一个题注：“仪狄造，杜康润色之。”

仪狄是夏禹时代酒的发明者，而杜康则是西周人，正是因为他改进了酿酒技术，才让酒风行天下。在读到这个题注的时候，很多人都认为这首诗是为了记叙酒的发明以及发展史的，但陶潜的用意显然不在此。陶潜在这里用到了影射的手法，其实是用仪狄影射桓玄，用杜康影射刘裕。桓玄篡位的时候用毒酒杀死司马道子，而在陶潜所听说的传闻中，司马德宗和司马德文都是被刘裕用毒酒害死的，因此在这首诗中的“酒”其实指的是毒酒，是毒死司马家族的毒酒，其实陶潜是在感叹司马家族以及晋王朝的灭亡。

当时陶潜在听到晋安帝被害死的消息时非常生气，同时悲哀难以抑制，很多个晚上都是以泪洗面，直到雄鸡啼鸣的时候才能睡着。现在连逊位的晋恭帝都被害死了，陶潜悲愤到什么地步可想而知。

曹丕在建立魏国之后，封让位的汉献帝刘协为“山阳公”，让他居住在洛阳，但并没有加害汉献帝，做了山阳公的刘协得以终其天年。陶潜引出了这个典故，为的就是指责刘裕，骂他居然连已经逊位的司马德文都要害死。

汉朝的卜式是一个放羊的高手，他曾经对汉武帝说："治理人民和放羊其实是一个道理，我所放的羊都是按时起居的，凡是有偷懒睡觉的都会被杀死，因为这种羊很容易影响其他的羊，从而导致整个羊群都变得懒散。"陶潜之所以引用这个典故，就是暗指刘裕为了能够达到篡位晋朝的目的，多年来一直在处心积虑排除异己，之前和他一起讨伐桓玄的刘毅、诸葛长民、司马休之等人都已经被他害死，可见刘裕的心肠是多么歹毒。

诗歌中还写道，在春秋时期，越国人范蠡帮助越王勾践报仇，最终灭掉了吴国，而范蠡在此之后退隐山林，被后世称为"陶朱公"。陶潜在诗歌中将"陶"字隐去，只留下了"朱公"以指代自己，他借助范蠡隐居的这个典故表明了自己的决心：当晋宋易代之后，他将闲居避世，绝对不会再踏入仕途，而是选择远离人世间的纷纷扰扰。

陶潜认为自己会像伯夷叔齐一样，绝对不会作出背叛晋王朝的事情，他宁愿饿死，也不愿意到刘宋王朝中做一官半职。

我们可以想象，陶潜在写这首《述酒》时一定非常悲愤，但是他只能用隐晦的手法去写作，甚至故意写错了几个字，以让当权者没有办法看出诗歌的用意，从而没有办法加害于他。他对晋王朝的灭亡以及末代皇帝被诛杀感到十分痛心，而他的这种痛苦全部都隐藏在了他的诗歌之中，他坚信后人能够读懂这首诗，从而体会到他当时的那种情感寄托。

人间仙境，世外桃源

晋太元中，武陵人捕鱼为业。缘溪行，忘路之远近。忽逢桃花林，夹岸数百步，中无杂树，芳草鲜美，落英缤纷。渔人甚异之。复前行，欲穷其林。

林尽水源，便得一山，山有小口，仿佛若有光。便舍船，从口入。

——《桃花源记》节选

刘裕虽然篡位成功了，但是他做皇帝的时间并不长，只有三年时间。公元 422 年五月，刘裕病逝，临死的时候，他将自己最为信任的司空徐羡之、中书令傅亮、领军将军谢晦、镇北将军檀道济叫到床榻前，一再叮咛他们要尽力辅佐太子刘义符。而当时太子还只是一个十七岁的孩子，显然，能够成为顾命大臣是作为臣子的荣耀，四位均纷纷表示愿意尽职尽责。

刘裕去世之后，刘义符顺利登基。第二年改元景平，历史上称之为宋少帝。虽然这个十七岁的孩子非常聪明，善于骑射，甚至通晓音乐，但是毕竟从小娇生惯养，而且年龄尚小，所以整日沉迷于声色犬马的生活之中，完全不将国家大事放在心上。

虽然司空徐羡之、中书令傅亮、领军将军谢晦、镇北将军檀道济尽心尽力地辅佐这位少主，但是看到他的所作所为也是大失所望，他们四人追随刘裕南征北战很多年，深切知道江山来之不易，而当时正好又和北魏开战，他们看到现在这个昏庸的皇帝，于是想到要废除他另立新君，此时一场全新的政治风波就要出现。

虽然陶潜选择了隐居，但是他的心却时刻记挂着朝政和国家。他接受的是传统的儒家思想和教育，在听说了改朝换代的经过后，对刘裕的政权非常不满，因此也对社会现实更加不满。但是他并没有能力去改变这些，而自己又无法安于现状，所以这个阶段的陶潜只能通过诗歌创作来抒发自己的情怀，他渴望塑造出一个与当时社会完全对立的社会现状，从而寄托自己美好的政治理想和思想情趣。

陶潜在刘裕去世前后听说了这样一则故事，故事在《晋书·隐逸传·刘子骥》中有过记载："（刘子骥）尝采药至衡山，深入忘返，见有一涧水，水南有二石囷（圆形谷仓），一囷闭，一囷开，水深广，不得过。欲还，失道，遇伐人，问径，仅得还家。或说囷中皆仙灵方药诸杂物，之欲更寻索，终不复知处也。”

虽然这个隐士的故事平淡无奇，但却激发了陶潜的灵感，也就是在此之后他留下的著名的《桃花源记》。

陶潜所设想的是犹如“芳草鲜美，落英缤纷”的桃花林一般自然、美好的地方，这里没有战乱，没有赋税，也没有钩心斗角，就连吵嚷声都没有，是非常宁静的一个地方。在这里，人和人的关系非常和谐，相互之间非常诚恳，所有人都是平等的，没有人能够凌驾于其他人之上。在这里，普通人变得更加质朴，他们通过自己的辛勤换来和平、宁静和幸福，在这里也没有长生不老，没有数不尽的财宝，这里有的只是普通的农耕景象。

陶潜所渴望的这种人间仙境，没有黑暗、没有战乱的世界，是任何一个人都向往的世界。

第十二卷

隐士归去，千载仍留余情

陶渊明是中国最伟大的隐士，他的归隐，是真正的归隐，全然忘却了得与失，完全忘记了尘世中的烦躁与仕途中的艰险，他宁愿这样过完自己剩下的人生。而改朝换代的时代变迁，又让一个接受过儒家传统思想教育的人悲痛无比，就算此时的陶渊明已经是一个隐士，就算此时的陶渊明已经是陶潜，但是易代的悲伤丝毫不能从他的心中消除。好在他有着隐士的风范，他终究领悟到——知音苟不存，已矣何所悲。

易代之悲，无人诉说

万族各有托，孤云独无依。
暧暧空中灭，何时见馀晖。
朝霞开宿雾，众鸟相与飞。
迟迟出林翮，未夕复来归。
量力守故辙，岂不寒与饥？
知音苟不存，已矣何所悲。

——《咏贫士》其一

公元 420 年，刘裕篡夺了东晋政权，改国号为宋，东晋王朝宣告终结。此时离陶潜归隐大概已有十五年之久。朝代的更迭令归隐多年的他产生了复杂而又难以言说的情绪，他在政治上不断尝试又不断失望乃至绝望的心情，只能隐藏在他的诗篇之中。

陶潜曾经三仕刘裕，后者在政治上和军事上的卓越才能令他十分钦佩，并将其作为自己实现理想的美好寄托。但是为了巩固自己的地位，刘裕疯狂排斥异己，打击自己的对手。在开明、廉洁的面孔下，他也有着不为人知的另一面。陶潜亲眼看到他的所作所为，内心失望透顶，只有愤然离去。而现如今，没想到刘裕竟然又作出了如此篡谋夺权的勾当。作为东晋的旧臣，陶潜内心的厌恶和痛恨是可想而知的。无论东晋王朝的衰落令他多么地失望，但他毕竟为其效力过，那个朝代毕竟寄托着他年轻时代的豪情壮志和浪漫理想情怀。之前的归隐生活中，他满怀着对现实处境的失望和不满，而现在，他背负的则是亡国的耻辱和失去君主的悲哀。

作为一个敏感的诗人，陶潜对于朝代变更之后一切人事的发展动向是能够隐约感知到的。于未来，新的王朝会给百姓们带来福祉还是祸患，一切都是未知数。于自己，一个曾仕旧朝的文人，还会受到新君王怎样的待遇，面临怎样的处境，也是无法预测的。对于一个没有任何依靠的旧臣来说，心理上的压力和恐惧难以想象。如今的自己已经垂垂老矣，连衣食温饱问题都不能解决，前途一片灰暗。

易代之悲，触发的不仅仅是陶渊明对于未来的猜测和恐惧，还有自身潦倒失意的感慨。本来辞去官职、在田野间安度晚年是早已坚定了的选择，但现在他的内心却充满了无所适从的无奈和凄凉。这样的心情在陶潜晚年笼罩了很长一段时间，在每一个平凡的黄昏里，做完农活的陶潜都会习惯性地望向天空，看看天边那即将落下的太阳，想象昔日的东晋王朝也如同那落山前的太阳一样炫目光彩过，在落日的余晖下，成片的霞光映染得天空格外美丽。

单单这一日，天上的美景于往日而言有了许多异样的感觉。孤零零的一片云独自躲在一旁，无依无靠，在黯淡的余晖掩映下若隐若现。万物都有它们的依靠，而这朵云却没有，它只能自生自灭，转瞬即逝。陶潜不禁为它感伤起来，心有所思，一夜都辗转难眠。想到早上那些鸟儿们，每日都会成群结队出来觅食，到傍晚又结队飞回去。可今天，有一只鸟儿落单了，很晚才出来，没等到天色见晚，又飞了回去。想到它孤单的背影，陶潜的心情更加沉重、难过。

此时的他如此孤独、难受，他看到的云朵和孤鸟其实都是自己的影子而已。没有庞大的氏族作为依靠，一个出身于卑微的寒门贫士，于这乱世之中就像是随波逐流的浮萍，根本无法掌握自己的命运，实现自己的抱负。他在少年时代也曾梦想过在政治上施展自己的才能，作出一番成绩来，可他入仕期间所经历的、所看到的，各种变幻莫测的人事变动，都令他再也无力去汲汲于功名利禄。士族内部之间的相互倾轧残杀、军阀对于权利的欲望和野心、普通百姓面临难以磨灭的灾难和伤痛，都深深刺激着这位敏感而真淳的诗人。

对往事不堪回首，更加深了现在处境的悲凉。他的故友们都纷纷投奔刘裕而去，很多人也来规劝他报效新朝，以偿生平夙愿。可他早就洞明了这一切世事，刘裕不过是另一个桓玄而已，新的宋朝不过是另一个行将就木的东晋王朝而已。他已经心灰意冷，他的力量是多么地微弱，很快就会被人遗忘，世上再也没有知道他、理解他的人了。而他，也不再愿意求得世人的认同。

唯有古代的贫士，那些坚持自己操守、安贫守志、不慕虚荣、穷且益坚的人，才能成为他最后的安慰以及精神上的皈依。他在他们的精神世界中找到了共鸣，他们才是自己真正的知音。他要和他们一样，哪怕是忍受饥寒交迫的日子，也要尽力守住自己的晚节，绝对不会为了虚无缥缈的功名利禄而违背自己的意愿。想到这里，陶潜突然觉得释然了，他找到了一直困惑自己的答案，内心的挣扎和慌乱到此时终于平静了下来。再也没有什么值得悲哀的了，此时的他也比其他任何时候都更加清楚并坚定自己的选择。

《咏贫士》组诗正是这种复杂心理的产物，真实地记录了陶潜在晋宋易代这个特殊时期心理状态的根本性转变。诗中不乏对田园美景的描绘，表现了诗人安于贫穷又怡然自适的生活态度，但更多的则是表达了自己不愿与世俗为群的决绝，饱含了他对人世沧桑和艰辛生活的深刻体会。

陶潜的前半生几乎都纠结于出世与入世的矛盾中，几度历尽了仕途的坎坷不平、人世的变幻莫测，最后他终于坚定了自己的选择。以前的他“猛志逸四海，骞翮思远翥”，时刻以儒家的济世苍生为己任，希望像自己的先祖那样建立一番功业，但种种现实让他身心俱累，也让他看清楚了这个吵吵嚷嚷的俗世世界背后的真相。

陋室会友，断然诀别

旧谷既没，新谷未登，颇为老农，而值年灾，日月尚悠，为患未已。登岁之功，既不可希，朝夕所资，烟火裁通。旬日已来，始念饥乏，岁云夕矣，慨然永怀，今我不述，后生何闻哉！

——《有会而作》节选

公元422年五月刘裕病危。

刘裕去世之后，日渐强盛的北魏兴兵犯境，攻陷了滑台，到第二年又攻占了金墉城，五月又进攻虎牢。

司州刺史毛德祖率领着军队守卫虎牢二百多天，将士们因为连日得不到休息，眼角都生了疮，但是大家都因为感念刺史而不愿意离开。当时兖州刺史檀道济、豫州刺史刘粹、青州刺史沈叔狸等都离得不远，但是他们都因为忌惮北魏的强大而不敢施以援手。之后北魏军队挖地道连通了虎牢城中的水井，将井水泄出。到了后来将士们的伤口都流不出血来，之后又有了瘟疫，虎牢终究被北魏所攻下，而毛德祖也壮烈殉国。

虎牢失陷之后，北魏的军队一举占领了司州、豫州、兖州许多郡县。到了十一月，魏军又相继攻克许昌、汝阳。可就在这种情况下，建康城内却正酝酿着一场内乱。宋少帝刘义符荒淫无度，几位顾命大臣想要将其废掉。

而此时的陶潜已约五十七岁，行走时已离不开拐杖，但是仍不可一日无酒，家中的生活也非常困顿，而就在这个时候颜延之前来拜访。

对于颜延之的到来，陶潜非常开心，本想买酒招待，却无奈囊中羞涩，好在颜延之来的时候已经准备好了酒菜。距离他们上次相见已经有九年之久，当时的颜延之还是而立之年，一副血气方刚的样子，而且才华横溢、踌躇满志，现在他在经历了宦海的沉浮之后，已经没有了当年的棱角。而今天他也是在被贬谪到异地的路上路过此地前来拜访，在他的脸上已经看不到当年的豪情和抱负，倒是多了几分磨难和忧患。

当年也就是公元 416 年，颜延之离开江州返回建康，任豫章公刘裕的世子中军行参军。当年刘裕讨伐后秦，十月就收复了洛阳。颜延之在年底的时候出使洛阳，祝贺刘裕，被授予了宋公的爵位，之后便留在刘裕的身边供职。

宋武帝永初元年（公元 420 年），周续之得到刘裕的邀请在建康讲学，颜延之多次与其辩论学术，经常用几句话就驳倒周续之的长篇大论，由此其更是得到刘裕的赏识。此时的颜延之春风得意，而也正是因为如此他才逐渐展露了自己恃才傲物的情怀，从而被徐羡之等人嫉恨。而在徐羡之、傅亮等人对付刘义真的时候，颜延之也被捎带着处理掉了。

颜延之讲到自己被贬官的经过时，不免悲从心来，居然流下了泪水。而在陶潜的眼中这反而是一件好事，他笑着说："延年兄此次谪守始安，其实是一件好事。"

陶潜指出，现在的皇帝荒淫无度，而几位顾命大臣早已经有了废立之心，现在朝堂如此动荡，离开京城反而是一件好事，很多人想要离开都离开不呢。而在陶潜眼中，徐羡之、傅亮、谢晦等人都是鼠目寸光之辈，终究有一天他们会身败名裂，而等到那个时候颜延之就可以东山再起了。

同时，陶潜也讲到自己就是因为看透了这些，所以才选择了归隐山林，在他的眼中，现在这种贫穷的生活好过钩心斗角。

颜延之在陶潜家中住了好些时日，在分别的时候颜延之回头看了一眼陶潜居住的地方，心中甚是悲凉，于是感叹说："陶公，你这里的庭院屋舍，需要好好修葺一番了。"

而陶潜却非常洒脱地说："屋舍一如人身，一旦老朽，万难修复。本来就是草庐茅屋，也没有什么好修的。"

颜延之也感叹说：“延之落魄到如此地步，才深知仕途险恶，人生无常，终于明白了陶公当年归隐田园躬耕自食的大义，实在是惭愧……”

陶潜则不以为意，他阻止颜延之继续说下去，说道：“既然你知道政坛是如此浑浊，如此险恶，那么你为什么还要去上任呢？所谓知易行难，归隐田园也并非易事，像你这样的江左大才子，如何忍得住饥寒，耐得了寂寞？虽然你和我是忘年之交，但是人各有志，我们是不会成为同路人的，你还是去做官吧。”

本来颜延之还想和陶潜相约下一个九年再相见，但是洒脱的陶潜则说：“九年前本不承望还有今日的相见，今日则知九年后绝无再见之理。老朽行将就木，此番一别，当是永诀。我与你相约地下再见吧。”

生亦何欢，死亦何悲

岁惟丁卯，律中无射。天寒夜长，风气萧索。鸿雁于征，草木黄落。陶子将辞逆旅之馆，永归于本宅。故人凄其相悲，同祖行于今夕。羞以嘉蔬，荐以清酌。候颜已冥，聆音愈漠。呜呼哀哉！

茫茫大块，悠悠高旻。是生万物，余得为人。自余为人，逢运之贫。

——《自祭文》节选

公元426年，宋文帝突然下诏追究徐羡之、傅亮、谢晦杀营阳王、庐陵王之罪，并将徐羡之、傅亮以及谢晦的长子谢世休诛杀。当时谢晦的其他家属也被打入死牢，朝廷中一时找不到徐傅谢的党羽，之后宋文帝亲自率领大军讨伐江西的谢晦。

谢晦听说这件事情之后非常震惊，只好率领两万人马仓促应战，同时表明自己和其他人不一样，自己是一片忠心，废立之事完全是为了国家社稷而考虑，但是宋文帝丝毫不听。

谢晦本身懂得一些兵法，再加上他跟随刘裕南征北战很多年，在两军相遇之后取得了一些胜仗，刚刚得意起来的谢晦听说檀道济也率领着军队前来，虽然当时檀道济也参与了废立，但是此时他并没有和谢晦站在一条战线上。檀道济为了洗刷自己的罪过，格外卖力讨伐谢晦。果然，不久之后，谢晦的军队全军溃败，只能乘着小船来到江陵，他带着弟弟和侄儿等亲属想要投奔北魏，但终究还是被戍守边疆的官兵抓住。谢晦在三十七岁的时候被诛杀，而他的死也应验了哥哥谢瞻的预言。

而此时，陶潜家中的生活也越来越糟，他的身体状况每况愈下，连吃饭的力气都没有了。

公元 427 年夏天，檀道济突然带着大队人马造访陶潜的田园。这位身材矮胖的将军看到床上已经瘦到只剩下骨架的陶潜之后，知道其生活非常窘迫。而陶潜虽然身患重病，但是头脑非常清楚，他早就认出了檀道济，但看到对方一副趾高气扬的样子，就说："不知来者何人?"

檀道济对陶潜的质问倒是不以为意，他笑着说："当年陶公是先皇身边的谋士，而我只不过是一员偏将而已，陶公不记得很正常。”此时，陶潜假装思考了一会儿之后说：“原来是刺史大人，老朽有病在身，恕不能起身接应。”

檀道济此番是专门来见陶潜，希望对方能够出山帮助自己的，要知道就陶潜的名气也能为自己赢得不少名声。但陶潜则始终以自己的身体大不如从前为由，拒绝出仕政坛。听了陶潜的意思之后，檀道济非常失望，索性直接点中了陶潜不愿意出山的根本原因。他认为陶潜念着前朝，所以宁愿隐居田园、追慕先贤，也不愿意再次入仕。对于檀道济的一再追问，陶潜显得有点不耐烦，他干脆闭起眼睛送客，无论檀道济说什么都无法改变他的志向。

这个时候的陶潜全然没有了入仕的想法，更何况山河易代，此时他心中除了有对前朝的感念之外，就是对新宋王朝的愤恨。他的内心是清高的，不愿意与这些人同流合污，他宁愿忍受窘迫的生活现状。

檀道济在临走的时候给陶潜留下了一些生活用品，翟夫人收下了这些礼物。谁知道当陶潜知道这些之后大发雷霆，指责妻子不应该收檀道济这种人的礼物，并且说这次他来就是为了耀武扬威的，就是为了羞辱自己的。

陶潜还给妻儿讲了檀道济的为人，以及他如何和徐傅谢等人共谋废立之事，又如何落井下石杀了谢晦等等。在陶潜眼中檀道济就是一个反复无常的小人，自然不愿意接受他的礼物。最后在陶潜的一再坚持下，妻儿还是将这些礼物送回了檀道济府上。

当时的陶潜虽然年事已高，但是内心还非常清楚，他知道谁是自己的朋友，而同时谁又不过是想要利用自己。

之后陶潜的双腿越来越不行了，逐渐失去了知觉，他的脸色也非常糟糕，看到的人都感觉非常揪心。有的时候陶潜还会口吐鲜血，此时他知道死亡已经逼近，甚至已经摸到了死亡的手。

在接下来的一段日子里，他在安宁等待着死亡的到来，一直想象着自己死后家人对他的悼念。而这篇《拟挽歌辞》以直陈其事的方式，表达了他对死亡的态度。

(其一)

有生必有死，早终非命促。
昨暮同为人，今旦在鬼录。
魂气散何之？枯形寄空木。
娇儿索父啼，良友抚我哭。
得失不复知，是非安能觉？
千秋万岁后，谁知荣与辱。
但恨在世时，饮酒不得足。

(其二)

在昔无酒饮，今但湛空觞。

春醪生浮蚁，何时更能尝？
肴案盈我前，亲旧哭我傍。
欲语口无音，欲视眼无光。
昔在高堂寝，今宿荒草乡。
荒草无人眠，极视正茫茫。
一朝出门去，归来夜未央。

（其三）
荒草何茫茫，白杨亦萧萧。
严霜九月中，送我出远郊。
四面无人居，高坟正嶕峣。
马为仰天鸣，风为自萧条。
幽室一已闭，千年不复朝。
千年不复朝，贤达无奈何。
向来相送人，各自还其家。
亲戚或余悲，他人亦已歌。
死去何所道，托体同山阿。

五十出头刚经历一场大病的陶渊明又写下了《与子俨等疏》，将此作为遗嘱。

告俨、俟、份、佚、佟：天地赋命，生必有死，自古贤圣，谁独能免？子夏有言曰：“死生有命，富贵在天。”四友之人，亲受音旨，发斯谈者，将非穷达不可妄求，寿夭永无外请故耶？

吾年过五十，少而穷苦，每以家弊，东西游走。性刚才拙，与物多忤。自量为己，必贻俗患，僶俛辞世，使汝等幼而饥寒。余尝感孺仲贤妻之言，败絮自拥，何惭儿子？此既一事矣。但恨邻靡二仲，室无莱妇，抱兹苦心，良独内愧。

少学琴书，偶爱闲静，开卷有得，便欣然忘食。见树木交荫，时鸟变声，亦复欢然有喜。常言：五六月中，北窗下卧，遇凉风暂至，自谓是羲皇上人。意浅识罕，谓斯言可保。日月遂往，机巧好疏，缅求在昔，眇然如何！

疾患以来，渐就衰损，亲旧不遗，每以药石见救，自恐大分将有限也。汝辈稚小家贫，每役柴水之劳，何时可免？念之在心，若何可言！然汝等虽不同生，当思四海皆兄弟之义。鲍叔、管仲，分财无猜；归生、伍举，班荆道旧。遂能以败为成，因丧立功。他人尚尔，况同父之人哉！颍川韩元长，汉末名士，身处卿佐，八十而终。兄弟同居，至于没齿。济北氾稚春，晋时操行人也，七世同财，家人无怨色。《诗》曰：“高山仰止，景行行止。”虽不能尔，至心尚之。汝其慎哉！吾复何言。

可以说，陶潜早已经准备好离开人世。面对死亡，他并没有恐惧，反而感觉非常轻松，此时他的心情非常舒畅。如果说死亡会带给他痛苦，那就是和家人的永远分离。除此之外，某种意义上在陶潜的眼中，死亡反而是一件快活的事情，至少不用像现在这样经历贫穷和病痛，更不用看这个破碎了的、被代替了的河山。

陶潜对自己的一生进行了回顾，尤其是他在归隐田园之后的二十多年中，他感觉没有任何的愧疚。临终之前的陶潜已经是气若游丝，而且家境非常贫寒，但是他还是将归隐之后的田园生活描述得非常美妙，不但没有后悔，没有丝毫悲伤，反而在他的《自祭文》中表现得非常坚强，同时在面临生活带来的折磨和打击时，时刻保持着笑容和乐观的心态。

在生命的最后阶段，陶潜一直在思考自己的后半生，他能够以安宁、平和的心态对待生，同时也能够以自然豁达的心态对待死。他不会因为死亡的到来而感觉到忧虑，更不会困惑，这就是陶潜的生死观，贫穷和病痛都不能折磨他，都不能打倒他，现在他终于可以安息了，永久地安息。

宋文帝元嘉四年（公元 427 年），中国历史上最伟大的隐士、田园诗人陶渊明与世长辞，走完了自己的人生历程。之后其被安葬于南山脚下的陶家墓地，也就是现在的江西九江县和星子县交界处的面阳山下，到现在，人们依旧能够看到他的墓。他的墓碑总共由三块碑石组成，中间的墓碑上用楷书写着“晋征士陶公靖节先生之墓”，左边一块上刻着墓志铭，右边一块上刻着《归去来兮辞》。这三块墓碑是清朝乾隆元年由陶姓子孙所立。